Mes très chères saintes

Du même auteur

Mon petit cœur de beurre, Michel Laffont, 2017.

Natasha St-Pier

Mes très chères saintes

Dix femmes inspirantes

éditions du
ROCHER

Éditions du Rocher
28 rue Comte-Félix-Gastaldi – BP 521 – 98015 Monaco

www.editionsdurocher.fr

ISBN : 978-2-268-11220-6
EAN epub : 9782268112565

Introduction

Il était une foi… une peau d'âme.

C'est avec cette petite digression qui s'amuse de la célèbre formule de Charles Perrault, ouvrant ses merveilleux contes pour enfants, que j'aimerais commencer et donner le ton, non pas nécessairement celui de l'humour, mais celui d'une couleur, d'un parfum, d'un petit rien de surnaturel. L'âme au cœur d'une vie. Je crois en l'âme, car je ne pense pas que nous soyons des êtres uniquement faits de chair et d'os, mais qu'autre chose nous anime, comme un souffle venu d'ailleurs, impénétrable et puissant. Certains l'appellent le cœur, d'autres la conscience, mais je préfère l'âme qui revêt une dimension plus mystique et mystérieuse. Ce mystère qui appelle la quête, le chemin, l'apprentissage, jusqu'au lâcher-prise, seule chose qui peut nous rendre sereins face à notre inéluctable destin de mortel.

Nous vivons un temps où le spirituel est souvent mis sur le bord du chemin au détriment du matériel, de l'envie de posséder, d'accumuler, d'entasser… C'est un monde consumériste, le monde de l'efficience et du rendement, le paradis des techniciens, qui nous éloigne bien souvent de nous-mêmes. Le culte du corps est omniprésent qui chaque jour s'affiche sur les millions de selfies, l'amour de l'apparence et de l'éphémère, autant de choses que nous n'emporterons pourtant pas dans un ailleurs et qui ne laisseront de nous aucune trace tangible.

Quoi que l'on dise ou que l'on fasse, je pense que dans ce monde souvent superficiel, nous sommes tous en quête de vrai, de beau, et nous avons chacun nos chemins pour y accéder.

Mes tours de chant dans les lieux de culte m'ont ouvert une nouvelle voie. Les églises sont remplies de ce qui est invisible. Les œuvres d'art vous entourent, le beau est derrière chaque pilier, le génie humain vous enrobe, vous englobe, et vous êtes un maillon de cette beauté enveloppante.

De par mon éducation catholique au Canada, par le mysticisme éclairé de ma mère, les valeurs d'ouverture et d'écoute prônées par mon père, j'ai toujours cultivé une connexion avec la religion, tout en essayant d'en faire un chemin de vie où l'initiation serait permanente.

Je dois ajouter à ce bonheur intérieur, à ce temps long et personnel laissé à l'introspection, le désir d'agir au quotidien et d'essayer d'être chaque jour « un peu plus », « un peu mieux », de faire en sorte que ma voix et mon micro résonnent quelque part dans un cœur ou dans une âme. Et en tant que femme, j'ai peut-être aussi la faiblesse de croire que notre combat dans la société n'est pas totalement terminé, que certains verrous restent encore sur quelques portes bien gardées.

Il y a quelques années, alors que j'étais dans une église et que je présentais l'album sur Jeanne d'Arc que nous venions d'écrire, je remarquai, gravés sur l'autel, une dizaine de noms, dix noms de femmes, dix noms de saintes, toutes plus inspirantes les unes que les autres. Cette place inattendue faite aux femmes dans l'Église m'avait surprise, émue et questionnée.

« Êtes-vous courageuse, comme elles ? »

Cette question m'avait été posée par une journaliste qui se demandait pourquoi je chantais Thérèse de Lisieux et Jeanne d'Arc… Pourquoi précisément ces femmes ? En toute sincérité, je ne m'étais jamais réellement posé la question. En y réfléchissant, j'ai réalisé que j'aimais passionnément ces femmes parce qu'elles étaient dotées de qualités que je n'avais pas et qu'elles me poussaient, par-delà les âges, à devenir une meilleure version de moi-même.

Pour ces raisons cumulées, l'idée d'écrire sur les saintes m'est « apparue », afin de mettre en avant toutes ces qualités merveilleuses qui souvent nous manquent, le courage de Jeanne d'Arc, l'audace rebelle de Thérèse de Lisieux, l'abnégation de Gianna Beretta Molla, la persévérance de Thérèse-Bénédicte de la Croix, l'introspection de Thérèse d'Ávila, la fougue de Geneviève de Paris, l'omniscience d'Hildegarde von Bingen, l'intelligence politique de Catherine de Sienne ou encore la résilience de la Vierge Marie.

Bien sûr, chez ces femmes merveilleuses, toutes ces qualités se retrouvent et s'entremêlent, mais leur force commune, c'est cette capacité à garder et à défendre leur foi quoi qu'il en coûte, d'aller jusqu'au bout dans leur mission en Dieu. S'ajoute à cela bien sûr leur valeur profondément humaine et inspirante, cette sagesse d'antan qui ruisselle jusqu'à nous.

Découvrir ces dix femmes, ces dix saintes, c'est peut-être se donner l'envie de vouloir, modestement, les imiter.

Il a été difficile de choisir un ordre d'apparition pour ces grandes dames. La logique aurait peut-être donné la préférence à la simple chronologie, mais je ne voyais pas commencer par la sainte des saintes, la Vierge Marie. Par intuition, elle me semblait plutôt devoir clore ce livre. Partant de là, j'ai préféré flâner à travers le temps et l'histoire de manière aléatoire, amorçant néanmoins cet ouvrage avec les deux saintes qui, jusqu'à présent, ont jalonné ma carrière de chanteuse, la douce Thérèse et la belle Jeanne.

*
* *

Principe de canonisation

Avant d'entamer cette incursion dans la vie de ces femmes d'exception, il m'apparaît nécessaire d'expliquer ce que signifie être sainte. Comment le devient-on et pourquoi ? Qu'est-ce au juste que la canonisation ? L'Église n'affirme pas au hasard que tel être est au paradis dans le but d'intercéder auprès de Dieu pour les hommes. Son choix est motivé par un certain nombre de critères avérés au cours d'une longue enquête (ou procès). Enquête qui conduira le pape à inscrire un personnage au catalogue des saints, autorisant ainsi qu'un culte public lui soit rendu dans l'Église universelle.

L'élue sera d'abord béatifiée et deviendra, par l'autorité pontificale, une bienheureuse, d'abord à l'échelle de l'Église locale. La béatification est en quelque sorte un préliminaire à la canonisation. Il peut se passer des années voire des siècles avant de passer d'un statut à l'autre. Thérèse de Lisieux sera béatifiée en 1923 et canonisée en 1925 (deux ans). Entre 1909 et 1920, il faudra onze ans à Jeanne d'Arc pour passer de bienheureuse à sainte, mais il faudra huit siècles à Hildegarde von Bingen pour accéder à la sainteté.

La canonisation appelle trois critères essentiels que doit remplir le serviteur selon Dieu, laïc ou religieux :

– Il doit être mort en odeur de sainteté. Ce qui signifie mourir en état de grâce après avoir vécu dans une piété exemplaire. Toutefois, certains historiens avancent que l'expression était autrefois à prendre, non pas au sens figuré, mais au sens propre, et qu'à la mort, le corps du candidat exhalait une odeur agréable.

– Il doit avoir un rayonnement spirituel après sa mort (la *fama sanctitatis*, la réputation de sainteté, qui doit être durable et croissante). Réputation qui provient des témoignages directs qui attestent soit du martyre soit de vertus héroïques.

– Il doit avoir accompli au moins deux miracles après son décès.

Voilà un parcours qui, sans être un chemin de croix, est un véritable chemin de foi.

Sainte Thérèse de Lisieux
(1873-1897)

L'audace dans l'exil douloureux

« *Aimer, c'est tout donner*
Aimer, c'est tout donner
Aimer, c'est tout donner
Et se donner soi-même. »

Ces vers sont ceux de Thérèse elle-même, ces mêmes vers qui firent le refrain de ma chanson de l'album éponyme, *Aimer, c'est tout donner.* Ce vers, c'est toute la philosophie mystique de Thérèse. Tout son être de lumière pourrait se résumer par ces quelques mots. Et l'on pourrait ajouter : « sans rien attendre en retour ».

Chemin inaccessible ?

Je ne crois pas.

Thérèse de Lisieux est peut-être la plus grande sainte de notre époque contemporaine, une des plus belles figures de l'Église. Tout au long de sa courte vie, cette jeune femme a écrit des poèmes, des carnets de souvenirs, trois récits autobiographiques, *Histoire d'une âme*, vingt et une prières, une pièce de théâtre sur Jeanne d'Arc, et nous a laissé un témoignage unique sur le sens de la foi.

Cette richesse lumineuse toute concentrée dans un corps de jeune femme diminuée par la maladie, m'a beaucoup apporté.

Cet album, qui s'inspirait des poésies de Thérèse, n'était pas ma première rencontre avec la jeune sainte. Quelques années plus tôt, j'avais reçu un étrange coup de téléphone de mon équipe me demandant si j'étais catholique… Étrange préambule qui m'amena à entendre des chansons tirées de ses poèmes. Pour être franche, à ce moment-là, je ne connaissais rien de Thérèse, mais, mon Dieu que c'était beau ! Des textes simples, épurés, très actuels, des textes dans lesquels le message était limpide… eau de roche. Elle parlait d'un Dieu d'amour qui ne réclame pas des miracles ou des actes héroïques, mais des petits gestes à l'échelle des capacités de chacun. Tout le monde, à un moment plus ou moins long de sa vie, est écrasé par la pression d'un employeur, d'une famille, de la société… Le quotidien devient lourd, fastidieux et Thérèse nous apprend que les petits gestes valent les grands, qu'ils allègent les consciences les plus lourdes.

Dès lors, je me suis jetée dans l'étude de ses textes pour comprendre sa joie dans la souffrance. Ce fut plus qu'une découverte, ce fut une rencontre. Depuis ce premier album, elle vit en moi, fait partie de ma vie.

Peu de temps après cette « rencontre », je suis tombée enceinte et j'ai appris que mon enfant était malade, victime d'une malformation cardiaque. Instants tragiques où vous avez l'impression gauloise que le ciel vous tombe sur la tête. À ce moment, les écrits de Thérèse, tellement apaisants, m'ont fait un bien fou. Sa correspondance, par exemple, est un chef-d'œuvre de la spiritualité chrétienne. Elle n'est pas lettre morte, figée dans une époque et réservée à des destinataires du passé ; elle est un message de confiance, d'amour et d'éternité adressé à tous ceux qui veulent suivre Thérèse dans sa « petite voie » spirituelle.

« Aimer, c'est tout donner. »

Sa philosophie, sa foi, c'est l'exemple même de l'amour donné sans rien attendre en retour.

Aimer, c'est être patient avec ceux qui nous entourent.

Aimer, c'est pardonner, c'est apprendre que la rancœur et le remords sont mortifères.

Aimer, c'est n'être pas blasé des beautés anodines.

Aimer, c'est accompagner, c'est aider.

Aimer…

Aimer est devenu mon mantra.

Le chemin jonché de ronces que débroussaille Thérèse, c'est celui de l'amour au quotidien. Ne cherchez pas à réaliser de grandes choses, mais ouvrez l'œil et le cœur à ce qui est à portée de vos bras.

La sainteté de Thérèse ne réside pas dans le fait de réaliser des choses extraordinaires, mais à faire « de manière extraordinaire des choses tout ordinaires ».

Le choix de l'humilité, ce sentiment de sa propre insuffisance et qui est le plus beau barrage à l'orgueil, cette humilité qui respecte en profondeur les qualités de ce que l'on possède et qui est une vertu cardinale au regard de la modestie, est davantage une politesse sociale.

Bien sûr, vouloir s'inspirer des saintes, c'est peut-être faire preuve d'un manque d'humilité mais, par l'exemple de Thérèse, elle qui a douté pendant une nuit de Dieu, se rendant par là plus accessible, plus humaine, on comprend que nos efforts ne sont jamais vains.

Thérèse nous apprend à croire à « quelque chose de plus grand que les lois de l'homme », elle qui a passé son temps sur terre « en exil », à tout donner pour avoir une jolie vie après… dans sa vraie patrie, le ciel.

Comment ne puis-je pas être touchée et reconnaissante à la lecture de cette phrase sublime :

« Je veux passer mon ciel à faire le bien sur terre. »

Aimer, c'est tout donner
Aimer, c'est tout donner
Aimer, c'est tout donner
Et se donner soi-même.

Quand je parlerais les langues des hommes et des anges,
Si je n'ai pas l'Amour, je suis comme l'airain qui sonne
Ou la cymbale qui retentit.

Si je prophétisais et connaissais tous les mystères,
Si j'avais la foi à transporter des montagnes,
Sans l'Amour, je ne suis rien !

Quand je distribuerais ce que je possède en aumônes,
Et si je livrais mon corps à brûler dans les flammes,
Cela ne me sert à rien !

Une vie

Dans la famille Martin, d'Alençon, naît Thérèse le 2 janvier 1873. C'est une famille très pieuse et travailleuse qui compte parmi la petite bourgeoisie aisée de l'Orne. Le père, Louis, est horloger et il a su faire fructifier son affaire. Ce Normand n'est pourtant pas homme d'argent, lui qui voulait devenir chanoine à la congrégation du Grand-Saint-Bernard en Suisse, tandis que sa future épouse, Zélie-Marie voulait entrer au couvent. Elle sera dentellière au point d'Alençon et gérera une petite entreprise d'une vingtaine d'ouvrières.

Comme on le voit, dans un premier temps, le destin religieux des parents de Thérèse, dans la paix des cloîtres et le silence des prières, se transforme étrangement en réussite sociale.

Mais dans cette réussite certaine, aucun orgueil ni désir de s'enrichir. Louis fera d'ailleurs preuve d'une générosité « anachronique », lui qui va vendre son affaire pour assister celle de sa femme.

Ils commencent leur vie de couple par une abstinence de cloître, mais leur confesseur les dissuade de poursuivre dans cette voie. Un conseil qu'ils suivent et qui leur vaudra neuf enfants. Quatre mourront, hélas, en bas âge et les cinq filles qui restent deviendront toutes religieuses.

Je trouve bouleversants ces destins qui choisiront l'austérité du Carmel ou de la Visitation au détriment d'une vie confortable, qui préféreront l'ascétisme à une prudence bourgeoise. Il est vrai que les gens prudents ont souvent plus d'avenir que de présent. Ces jeunes filles vont choisir le présent que leur offre Dieu.

Chez les Martin, Thérèse est la petite dernière. À l'âge de 4 ans, elle perd sa maman. Zélie s'éteint, victime d'un cancer du sein, et Louis Martin reste seul pour élever ses cinq filles. Isidore Guérin, son beau-frère, lui conseille de venir s'installer près de chez lui, à Lisieux, où il est pharmacien. Malgré les premières réticences de Louis, la famille quitte Alençon et emménage dans une belle demeure, les Buissonnets.

L'année 1877 voit donc l'arrivée de la petite Thérèse à Lisieux. Malgré une ambiance chaleureuse et un entourage familial aimant, ses quelques années passées chez les bénédictines seront pour elle « les plus tristes de sa vie ». La vie scolaire ne lui convient guère et elle se réfugie dans la lecture. Elle se passionne pour les romans ou les récits de chevalerie dans lesquels elle découvre Jeanne d'Arc à laquelle elle va vouer une admiration fébrile. Elle voit chez la jeune pucelle de Domrémy une similitude avec ce qu'elle ressent au plus profond de son âme…

> *Le Bon Dieu me fit comprendre que ma gloire à moi ne paraîtrait pas aux yeux des mortels, qu'elle consisterait à devenir une grande sainte.*

Quelle prescience étonnante chez cette jeune fille…

Car il ne faut jamais oublier que Thérèse, celle qui sera béatifiée, canonisée, dite patronne universelle des missions, patronne secondaire de France après Jeanne d'Arc et docteur de l'Église, passe comme un ange invisible auprès de sa famille, de son carmel, de son évêque… Tout juste avait-on remarqué l'audace de cette jeune fille qui s'était adressée au pape Léon XIII lors d'une audience à Rome. À son enterrement au cimetière de Lisieux, il n'y avait pas trente personnes. Vingt-huit ans plus tard, lors de sa canonisation à Saint-Pierre de Rome, il y en aura cinq cent mille !

Mais nous n'en sommes pas encore là. À l'été 1882, un nouveau chagrin s'abat sur ses petites épaules… Elle apprend que sa sœur chérie, Pauline, va entrer au Carmel. « Ce fut comme un glaive plongé dans mon cœur. »

Cette douleur qu'elle décrit comme le feu brûlant de la lame se traduit par la maladie. On parle de régression infantile qui s'accompagne d'anorexie, de perte de sommeil, de tremblements nerveux, de plaques cutanées et d'hallucinations. Mais en cette fin de XIXe siècle, la médecine est impuissante à remédier à ses maux. Alors autour d'elle, on prie beaucoup. Louis Martin et son beau-frère, l'oncle pharmacien, craignent de voir la pauvre enfant sombrer dans la folie.

On installe alors dans sa chambre une statue de la Vierge Marie qui rayonne au pied de son lit. C'est le premier miracle, celui qu'elle taira tout d'abord, pour l'avouer quelques semaines plus tard à sa sœur Pauline, lorsqu'elle peut reprendre les visites au carmel…

> *La Vierge Marie me parut belle, si belle, que jamais je n'avais rien vu de si beau, son visage respirait une bonté et une tendresse ineffable, mais ce qui me pénétra jusqu'au fond de l'âme ce fut le ravissant sourire de la Sainte Vierge.*

La Vierge Marie lui a souri.

Le lendemain, tous ses maux disparaissent…

Elle se lève et reprend une vie normale. Mais un autre mal va bientôt la ronger, celui de la culpabilité ! La première joie passée, elle s'est confiée à sa sœur et les carmélites alentour n'ont pas tardé à crier au miracle.

A-t-elle trahi la Vierge ?

> *Je me figurai avoir menti. Je ne pouvais me regarder sans un sentiment de profonde horreur. Ah ! Ce que j'ai souffert, je ne pourrai le dire qu'au ciel.*

Je trouve que toute son humanité transparaît particulièrement dans ce combat qu'elle livre avec ses scrupules. Cette jeune femme qui sera le symbole d'une foi ardente et un guide spirituel pour plusieurs générations à venir va douter, douter de sa foi, douter de son intégrité même. La Vierge lui a-t-elle réellement souri ? N'était-ce pas le fruit d'une imagination mystique ?

Heureusement, tous ces doutes et scrupules vont disparaître avec sa première communion au cours de laquelle elle reçoit pour la première fois l'hostie.

> *Ah qu'il fut doux le premier baiser de Jésus à mon âme!* écrit la jeune fille qui parle d'une « fusion » d'amour.

Ce qui est encore émouvant chez Thérèse, c'est que, malgré les nombreuses grâces qu'elle reçoit, ces petites faveurs gratuites qu'offre Dieu, elle sent et pressent les souffrances à venir.

L'année de ses 13 ans, elle endure de terribles maux de tête qui ne disparaîtront presque plus. Suite à ses absences trop nombreuses, elle quitte l'école et suivra des cours privés chez une préceptrice, Mme Papineau. Sa vie sociale est bousculée et elle se réfugie dans son « bazar », le vaste grenier des Buissonnets, la maison familiale, pour s'adonner à l'étude, la lecture et la méditation. Sa richesse intérieure n'en est que plus confortée.

Après sa sœur Céline, c'est au tour de Marie d'entrer au carmel de Lisieux tandis que Léonie, une autre sœur, intègre les Clarisses, l'ordre de sainte Claire d'Assise. Louis Martin ne garde que ses deux cadettes à ses côtés.

Jusqu'à la grande nuit de noël 1886, Thérèse s'est elle-même considérée comme une enfant trop émotive, impulsive, dépressive, pleurant trop souvent… une enfant gâtée, choyée à l'excès, qui ne sait pas accepter le bonheur de chaque jour. Mais dans cette fameuse nuit, celle qu'on appelle la nuit de la conversion, elle est touchée au cœur par la grâce. La jeune fille faible, égarée, troublée, devient une femme forte…

> *Je sentis, en un mot, la charité entrer dans mon cœur, le besoin de m'oublier pour faire plaisir et depuis lors je fus heureuse.*

Dès lors, Thérèse va retrouver toute sa force d'âme et véritablement commencer son combat en sainteté.

> *Depuis cette nuit bénie, je ne fus vaincue en aucun combat, mais au contraire je marchai de victoires en victoires et commençai, pour ainsi dire, une course de géant.*

De cette nuit, Thérèse ressort grandie, plus mûre et, grâce à la communion répétée plusieurs fois par semaine, elle se sent envahie par de véritables « transports d'amour » et ressent le besoin de prier pour la conversion des pécheurs.

Elle voit dans un fait divers retentissant de son époque, le moyen d'intercéder auprès d'une âme en errance. Il s'agit d'Henri Pranzini, un sinistre criminel reconnu coupable du crime de deux femmes et d'une enfant. La condamnation vient de tomber, il sera guillotiné en juillet. Thérèse prie de toute son âme pour que cet assassin ne « tombe pas en enfer ». Les temps ne sont pas à la clémence, mais la jeune fille sollicite Jésus et fait dire des messes.

J'ai dit au Bon Dieu que j'étais bien sûre qu'il pardonnerait au pauvre malheureux Pranzini, que je le croirais même s'il ne se confessait pas et ne donnait aucune marque de repentir, tant j'avais de confiance en la miséricorde infinie de Jésus, mais que je lui demandais seulement « un signe » de repentir pour ma simple consolation…

Bien que Pranzini ne montre aucun remords, aucun repentir, et n'appelle aucun secours de la religion, Thérèse ne perd pas confiance et continue de prier pour sa conversion. L'homme reste muré dans son silence, mais au jour de l'exécution, alors que la terrible silhouette de la guillotine s'élève au-dessus de lui, il se saisit de la croix que lui tend le prêtre et embrasse par trois fois les stigmates de la souffrance de Jésus, « les plaies sacrées ». Le ciel a répondu aux attentes miséricordieuses de la future sainte, et elle ne cessera jusqu'à son dernier souffle de prier pour le salut des pécheurs.

Elle dira d'Henri Pranzini qu'il était son « premier enfant ».

Nous sommes en 1887 et il est à présent temps de songer au Carmel, car c'est le vœu le plus cher de Thérèse d'y entrer, mais il lui faudra convaincre son père qui voit toutes ses filles appelées au service de Dieu. Si le croyant est flatté d'une certaine manière, le père se retrouve bien seul.

Je devais passer par bien des épreuves, mais l'appel divin était si pressant que m'eut-il fallu traverser les flammes, je l'aurais fait pour être fidèle à Jésus.

Mais quand on part au combat, il faut un nom de guerre ! Elle prend celui de son époux dans le ciel… Seulement voilà, trois siècles plus tôt, une autre Thérèse a eu le même désir… Thérèse de Jésus, sainte Thérèse d'Ávila, celle qui en son temps réforma le Carmel.

> *Tout à coup je pensai au Petit Jésus que j'aimais tant et je me dis : « Oh, que je serais heureuse de m'appeler Thérèse de l'Enfant-Jésus ! »*

Cependant, son admission au Carmel ne se fait pas sans difficultés. Après avoir bravé les réticences de son oncle tuteur, dont l'autorité morale compte, Thérèse se heurte à la volonté du chanoine Delatroëtte, supérieur du carmel, qui refuse de l'intégrer parmi ses carmélites. Il n'accepte pas de postulantes de moins de 21 ans. Thérèse en a 14. Devant le désespoir de sa fille, Louis Martin lui fait rencontrer l'évêque de Bayeux, Mgr Hugonin, seul susceptible d'infléchir la décision du chanoine. Ce dernier ne tranche pas, ne voulant pas aller à l'encontre de son chanoine.

Devant cette indécision qui lui paraît comme une injustice, Thérèse n'espère plus qu'une chose : faire partie du pèlerinage qui doit s'organiser à l'occasion du jubilé du pape Léon XIII, pour ses cinquante ans de prêtrise. Le voyage organisé par le diocèse de Coutances doit compter plus de deux cents pèlerins et soixante-quinze prêtres. Thérèse en sera.

Ce voyage permet d'abord à la jeune fille de découvrir Paris et lors d'une messe à l'église de Notre-Dame-des-Victoires, elle se sent délivrée de son dernier doute : c'est bien la Vierge qui lui a souri cinq ans plus tôt et qui a guéri ses maux.

Sous les bons augures de ce nouveau signe du ciel, Thérèse se laisse porter vers l'Italie, pleine d'admiration pour les paysages qu'elle découvre. C'est une joie nouvelle, mais légèrement voilée :

> *Je me disais : plus tard, à l'heure de l'épreuve, lorsque prisonnière au Carmel, je ne pourrai contempler qu'un petit coin de ciel étoilé, je me souviendrai de ce que je vois aujourd'hui.*

Elle s'émerveille de la Suisse :

> *À côté de ces montagnes que nous avons traversées, on prie si bien, l'on sent que Dieu est là ! Comme je me semblais petite devant ces montagnes gigantesques !*

C'est ensuite un tourbillon d'étapes dans les grandes villes italiennes, Milan, Venise, Padoue, Bologne, Lorette, où Thérèse se laisse surprendre de jour en jour par les beautés naturelles et le génie humain…

> *J'ai vu de belles choses, j'ai contemplé les merveilles de l'art et de la religion, j'ai surtout marché sur la terre même des Apôtres, la terre trempée dans le sang des martyrs, et mon âme s'est dilatée au contact des choses saintes.*

Elle est émerveillée, mais je le suis également à la lecture magnifique de son carnet de voyage où elle décrit les sept jours passés dans la ville aux sept collines, Rome la Splendide. Elle qui, lors d'une visite au Colisée, à la surprise de tous, se jette dans l'arène pour baiser le sable où le sang des martyrs chrétiens a coulé.

Car, contrairement à ce que l'on peut penser de Thérèse, elle n'est pas sage comme une image d'Épinal, elle est, comme le diront ses biographes les plus avertis, une combattante, une guerrière de la foi ! Chacune de ses colères, de ses « hystéries » comme la psychanalyse de l'époque l'aurait observé, porterait des fruits.

Par ce geste un peu fou au cœur de Rome, elle demande la grâce d'être martyre pour Jésus, à son tour. Elle sera exhaussée.

Sa fougue, son enthousiasme, ne plaît pas à tout le monde et certains ecclésiastiques ne dissimulent pas leur mécontentement durant ce voyage italien. Qu'importe, Thérèse, petit soldat de la foi, n'oublie pas la véritable raison de sa présence à Rome : voir le pape et le convaincre de la laisser entrer au Carmel malgré son trop jeune âge.

Elle témoigne de son émotion dans une lettre à sa sœur Pauline :

Tu penses comme mon cœur battait fort en voyant mon tour arriver, mais je ne voulais pas m'en retourner sans avoir parlé au pape. J'ai dit ce que tu me disais dans ta lettre, mais pas tout car M. Révérony ne m'en a pas donné le temps, il a dit aussitôt : Très saint-père, c'est une enfant qui veut entrer au Carmel à 15 ans, mais ses supérieurs s'en occupent en ce moment. (Le bon pape est si vieux qu'on dirait qu'il est mort, je ne me le serais jamais figuré comme cela, il ne peut dire presque rien, c'est M. Révérony qui parle). J'aurais voulu pouvoir expliquer mon affaire mais il n'y a pas eu moyen. Le saint-père m'a dit simplement : "Si le Bon Dieu veut vous entrerez." Puis on m'a fait passer dans une autre salle. Oh ! Pauline, je ne puis te dire ce que j'ai ressenti, j'étais comme anéantie, je me sentais abandonnée, et puis je suis si loin, si loin... Je pleurerais bien en écrivant cette lettre, j'ai le cœur bien gros. Cependant le Bon Dieu ne peut pas me donner des épreuves qui sont au-dessus de mes forces. Il m'a donné le courage de supporter cette épreuve, oh ! elle est bien grande...

Léon XIII, bien vieux et affaibli, n'entend guère la voix suppliante de l'enfant au point qu'elle reste en prière, les mains jointes sur les genoux du Saint-Père. Ce sont deux gardes suisses qui la portent dans la pièce à côté.

Le bon pape est si vieux qu'on dirait qu'il est mort.

C'est une Thérèse anéantie qui poursuit le voyage. Les beautés italiennes que sont Naples, Pompéi, Assise, la distraient quelque peu, mais le cœur n'y est plus vraiment.

Je te promets que je quitterai avec plaisir toutes les merveilles de l'Italie, tout cela est bien beau mais je ne puis oublier ceux que j'ai laissés à Lisieux, il y a

> *comme un aimant qui m'y attire, aussi j'y reviendrai avec beaucoup de plaisir.*

L'action de Thérèse auprès du pape n'a pas laissé les consciences insensibles et même la presse en parle. Néanmoins, sa cause n'est pas encore acquise car le chanoine Delatroëtte reste intraitable. Mais au-delà de ses attentes déçues, Thérèse a plus appris en quelques semaines de voyages qu'en des années d'études, notamment sur l'Église, mais aussi sur ses vicaires qui, investis d'un sacerdoce, n'en sont pas moins « *des hommes faibles et fragiles* ».

> *Prier pour des pécheurs me ravissait, mais prier pour les âmes des prêtres, que je croyais plus purs que le cristal, me semblait étonnant.*

En tant que femme, une autre chose m'interpelle dans le regard de Thérèse sur les hommes où elle débusque, malgré elle, la misogynie assumée de certains messieurs qu'elle croise, qu'ils soient clercs ou laïcs.

> *Ah, les pauvres femmes : comme elles sont méprisées ! Cependant, elles aiment le Bon Dieu en bien plus grand nombre que les hommes et pendant la Passion de notre Seigneur, les femmes eurent plus de courage que les apôtres, puisqu'elles bravèrent les insultes des soldats et osèrent essuyer la face adorable de Jésus ! Au ciel, Il*

> *saura bien montrer que ses pensées ne sont pas celles des hommes, car alors les dernières seront les premières.*

Ne dit-elle pas clairement que la supériorité des hommes n'est qu'illusion de société ? Elle ne cherche pas un égalitarisme « féministe », mais clame que ce courage historique, depuis la nuit des temps, est l'apanage des femmes, peut-être bien plus que celui des hommes.

Thérèse nous arme de sa bravoure et de sa clairvoyance.

Pendant ce voyage italien, Thérèse a pu se rendre compte de son pouvoir de séduction, l'attirance qu'elle provoquait. Sa beauté, sa lumière, son humour et sa féminité lui ont fait percevoir une autre réalité :

> *Facilement mon cœur se laisserait prendre à l'affection.*

Sa volonté jamais émoussée de vouloir entrer au Carmel, de se faire « prisonnière par amour », n'en est que plus belle et plus forte.

La veille de ses 15 ans, enfin, son combat s'auréole d'une victoire. Elle reçoit une lettre de la mère supérieure du carmel, Marie de Gonzague, qui lui signifie que l'évêque s'en remet finalement à sa décision.

Le 9 avril 1888, Thérèse de l'Enfant-Jésus entre au carmel de Lisieux. Thérèse va vivre à présent une existence infiniment intérieure, une vie de prière et d'isolement.

> *C'est pour toujours, toujours, que je suis ici.*

Voilà une jeune fille qui s'ouvre à la vie, qui vient, après plusieurs semaines passées en Italie, non seulement de découvrir la beauté des paysages, le génie humain, mais aussi la volupté des regards admiratifs sur sa personne, et qui, sans enfreindre les lois de son cœur, s'enferme dans la solitude du Carmel.

Quel courage ! Quelle abnégation !

> *Je suis venue pour sauver les âmes et surtout prier pour les prêtres. Lorsqu'on veut atteindre un but, il faut en prendre les moyens.*

Le Carmel, réformé depuis sainte Thérèse d'Ávila, est consacré exclusivement à la prière personnelle, aux offices liturgiques et messes des matines aux complies. Ces longs moments de recueillement sont entrecoupés de repas silencieux, de travaux nécessaires à la vie des sœurs en communauté et de quelques rares moments de détente.

Ces vingt-six religieuses que compte le carmel en 1888 mènent essentiellement une vie contemplative. Jamais Thérèse ne faillira à ses vœux de pauvreté, de chasteté et d'obéissance qu'elle prononce le 8 septembre 1890 lorsqu'elle devient « sœur professe » (profession religieuse).

Pourtant, la veille de la célébration, elle est encore assaillie par le doute.

> *Ma vocation m'apparut comme un rêve, une chimère… Le démon m'inspirait l'assurance que la vie au Carmel n'était pas pour moi […]. Mes ténèbres étaient si grandes*

que je ne voyais ni ne comprenais qu'une chose : je n'avais pas la vocation.

Elle avoue tout à la mère supérieure et aussitôt elle est *inondée d'un fleuve de paix surpassant tout sentiment.*

Là encore, Thérèse se révèle comme l'âme simple et vraie dans laquelle chacun d'entre nous peut se mirer. J'aimerais reproduire le carton d'invitation qu'elle rédigea pour la célébration, qui montre combien, malgré l'immense exigence de son sacerdoce, elle garde un humour, une espièglerie et une humanité merveilleuse.

Elle a 17 ans.

Invitation aux noces de sœur Thérèse de l'Enfant-Jésus

Le Dieu Tout-Puissant, Créateur du Ciel et de la terre, Souverain Dominateur du Monde, et la Très glorieuse Vierge Marie de la Cour céleste, veulent bien vous faire part du mariage de leur Auguste Fils, Jésus, Roi des rois et Seigneur des seigneurs, avec Mademoiselle Thérèse Martin, maintenant Dame et Princesse des royaumes apportés en dot par son Divin Époux, savoir : L'Enfance de Jésus et de sa Passion, ses titres de noblesse étant : de l'Enfant-Jésus et de la Sainte-Face.

Monsieur Louis Martin, Propriétaire et Maître des Seigneuries de la Souffrance et de l'Humiliation, et Madame Martin, Princesse et Dame d'honneur de la Cour Céleste, veulent bien vous faire part du Mariage de leur Fille Thérèse, avec Jésus le Verbe de Dieu, la

seconde Personne de l'Adorable Trinité qui par l'opération du Saint-Esprit s'est fait Homme et Fils de Marie, la Reine des Cieux.
N'ayant pu vous inviter à la bénédiction nuptiale qui leur a été donnée sur la montagne Carmel, le 8 septembre 1890 (la cour céleste seule y étant admise), vous êtes néanmoins priés de vous rendre au Retour de Noces qui aura lieu Demain, Jour de l'Éternité, auquel jour Jésus, Fils de Dieu, viendra sur les Nuées du Ciel dans l'éclat de sa Majesté, pour juger les Vivants et les Morts.
L'heure étant incertaine, vous êtes invités à vous tenir prêts et à veiller.

Cette petite pointe d'insolence, quand on sait son incroyable héroïsme intérieur, nous la rend si proche.

Cependant, une nouvelle ombre va venir obscurcir sa joie de nouvelle carmélite, c'est l'état de santé préoccupant de son père. Son « petit roi » est au plus mal, lui qui n'a pu assister à sa prise d'habit. Deux mois après l'entrée de Thérèse au Carmel, il avait disparu mystérieusement des Buissonnets et on ne l'avait retrouvé que quatre jours plus tard au commissariat du Havre, sa santé mentale défaillante.

Les rumeurs vont bon train. Louis Martin ne serait-il pas devenu fou en raison du départ de toutes ses filles en religion ? La jeune pénitente culpabilise, elle qui ne peut s'occuper de lui. Hélas, aucune humiliation n'est épargnée au pauvre Louis, entre crises délirantes, fugue, internement en asile, attaques cardiaques, paralysie faciale... On pense aujourd'hui qu'il souffrait d'artériosclérose cérébrale mais, à distance, Thérèse partage la souffrance de son père.

Cette croix était la plus grande que j'aurais pu imaginer.

La nouvelle carmélite reste silencieuse, en appelle à la prière continuelle et continue son combat, celui de devenir une grande sainte.

Ce n'est pas sur les champs de bataille que je lutterai...

Paradoxe vibrant. Pourquoi ne part-elle pas ? Pourquoi ne court-elle pas au chevet de son père ? Sa liberté est totale, nul ne la retiendrait, mais elle choisit de grandir en sagesse et d'offrir leur souffrance commune au Seigneur.

La grande épreuve a été douce, puisque de nos cœurs ne sont sortis que des soupirs d'amour et de reconnaissance !...

Après la mort du père, c'est au tour de Céline d'entrer au Carmel qui se « gave » des sœurs Martin. Quatre d'entre elles y font leurs voeux. Thérèse se défend de la plus belle des manières quand on la soupçonne de s'être faite carmélite pour être avec ses sœurs :

A-t-on jamais reproché à des frères de combattre sur le même champ de bataille ?

Les années qui vont suivre sont celles de la discrétion, de l'humilité et de la patience. Le Carmel n'est pas lieu d'aventures exceptionnelles, de prouesses inouïes, d'actes spectaculaires… Pour les profanes, chaque jour, chaque heure semble être la même, mille fois répétée… Prière, messes, travaux divers, légères collations, prière encore, mais la vie intérieure des sœurs, et de Thérèse en particulier, fait figure de montagnes russes où les cols succèdent aux abîmes, où les grâces chassent les blessures, où le combat avec soi-même est chaque jour renouvelé.

Dans sa merveilleuse autobiographie, *Histoire d'une âme*, la jeune fille nous montre son cheminement intérieur, cette voie, cette « petite voie » dont elle parlait…

> *Je puis donc, malgré ma petitesse, aspirer à la sainteté ; me grandir, c'est impossible, je dois me supporter telle que je suis avec toutes mes imperfections ; mais je veux chercher le moyen d'aller au Ciel par une petite voie bien droite, bien courte, une petite voie toute nouvelle.*

Thérèse se sait petite, fragile, modeste fétu de paille dans un monde où les vents contraires soufflent fort, mais…

> *Je m'appliquais surtout à pratiquer les petites vertus, n'ayant pas la facilité d'en pratiquer des grandes.*

Voilà ce qui nous rapproche encore d'elle et nous fait espérer, peut-être, que l'on peut tendre, humainement, à être meilleur.

J'aime aussi chez elle cette façon qu'elle a eue de renverser la table des certitudes théologiques de son temps qui professaient, par les instances catholiques et les plus zélés de ses représentants, la présence d'un Dieu vengeur, d'une crainte permanente de l'enfer… C'était le cas de l'abbé Louis-Auguste Youf, l'aumônier du carmel de Lisieux et confesseur de Thérèse, homme de bure très tatillon sur la question du péché mortel et qui n'encourageait guère, par ses sermons, à la paix intérieure.

À l'automne 1891, avec le prêche du père Alexis Prou qui revendique la confiance, la miséricorde et l'abandon aux mains d'un Dieu d'amour, Thérèse sait que son intuition est la bonne…

> *Il me lança à pleine voile sur les flots de la confiance et de l'amour qui m'attiraient si fort mais sur lesquels je n'osais avancer.*

Fin juillet 1894, Louis Martin meurt. Thérèse perd son « petit roi », mais elle en parle très peu. Les souffrances sont passées et son vrai royaume s'offre à lui où il retrouvera sa Zélie et où il pourra intercéder pour ses filles. Les prières d'en haut ne sont-elles pas plus puissantes que celles d'en bas ?

Le décès de son père coïncide avec la célébration en France du centenaire du martyre des carmélites de Compiègne qui va accaparer l'attention de Thérèse. Triste épisode de la Terreur où seize innocentes avaient été guillotinées pour fanatisme parce qu'elles n'avaient pas renié leur foi. Elles moururent le sourire aux lèvres dans une sérénité saisissante qui impressionna la foule.

Tandis que Thérèse brode les oriflammes en l'honneur de ces seize martyres, elle s'écrie :

> *Quel bonheur si nous avions le même sort ! Quelle grâce !*

Mais elle sait qu'elle n'aura pas ce destin tragique, que son accession à la sainteté ne passera pas par cette sorte de martyre.

Les mois et les années passent et son désir d'être une grande sainte ne la quitte pas… Mais qui est-elle à côté d'une Thérèse d'Ávila, réformatrice du Carmel ? d'une Catherine de Sienne qui conseilla les papes ? ou de sa sainte chérie, Jeanne d'Arc, à qui elle consacre des poèmes et des pièces de théâtre ?

Elle trouve dans les Évangiles une réponse à ses craintes.

« Si quelqu'un est tout petit qu'il vienne à moi. »

Voilà donc la nature de son véritable combat.

> *L'ascenseur qui doit m'élever jusqu'au Ciel, ce sont vos bras, ô Jésus ! Pour cela je n'ai pas besoin de grandir, au contraire il faut que je reste petite, que je le devienne de plus en plus.*

Cette « petite voie », Thérèse va la tracer en se reposant sur la source des Évangiles et l'imitation de Jésus.

> *Avant de mourir par le glaive, mourons à coups d'épingles.*

Je suis en plein accord avec les propos du pape François lorsqu'il dit que les prédicateurs du temps de Thérèse parlaient souvent de la grandeur de Marie de manière triomphaliste, mais éloignée de nous, alors que notre jeune carmélite montre, à partir de l'Évangile, que Marie est la plus grande dans le royaume des Cieux parce qu'elle est la plus petite, la plus proche de Jésus dans son humilité. « Thérèse voit que, si les récits apocryphes sont remplis de passages frappants et merveilleux, les Évangiles nous montrent une existence humble et pauvre, vécue dans la simplicité de la foi. »

Sa petitesse est sa force.

Sa « petite grandeur. »

C'est en cela que Thérèse est si proche de nous.

Dans la nuit du Vendredi saint 1896, elle est victime d'une première hémoptysie… elle crache du sang. Cela fait plusieurs mois que maux de gorge et douleurs à la poitrine l'éprouvent. De cette maladie, elle n'éprouve aucune crainte… C'est, pour elle, la perspective de la mort qui n'est qu'une porte d'entrée pour son ciel si désiré, son vrai pays, la fin de son exil sur terre. Mais le chemin est encore semé de ronces et de douleurs.

La maladie est une chose, elle est tuberculeuse au dernier stade, mais un autre virus, plus pernicieux, va soudain l'envahir, le virus du doute… Pas celui de l'existence de Dieu, mais celui de la vie éternelle. Elle va entrer dans ce que nous, catholiques, appelons, « la nuit noire de l'âme », ou « nuit de la foi ». Une expression qui nous vient d'un poème mystique du carme Jean de la Croix[1] où il formalise l'expérience de l'absence de Dieu pour un croyant.

Soudain, l'incertitude et l'angoisse étreignent Thérèse.

> *Il me semble que les ténèbres, empruntant la voix des pécheurs, me disent en se moquant de moi : « Tu rêves la lumière, une patrie embaumée des plus suaves parfums, tu rêves la possession éternelle du Créateur de toutes ces merveilles, tu crois sortir un jour des brouillards qui t'environnent ! Avance, avance, réjouis-toi de la mort qui te donnera, non ce que tu espères, mais une nuit plus profonde encore, la nuit du néant !*

Nuit du néant !

N'est-elle pas touchée, corrompue, par cet âge d'or du positivisme et du matérialisme qui jaillit de toute part ?

Troubles terribles qui l'accompagneront jusqu'à sa mort. Elle continue, vaille que vaille, sa vie de carmélite et multiplie les actes de foi, mais elle ne sent plus la présence de Dieu et se met à douter de plus en plus de la vie après la mort. Son combat serait-il vain ? Elle refuse de le croire. La nudité de son âme qu'elle nous dévoile dans ses écrits est d'une infinie beauté.

Début 1897, la maladie s'aggrave. Elle a 24 ans.

---

1. Jean de la Croix, *La nuit obscure*, 1578.

Je crois que ma course ne sera pas longue.

Elle continue néanmoins d'œuvrer dans les petites choses, de pardonner la rancœur, de prier contre les hypocrisies de toute nature, d'aimer les moins aimables.

Ma vocation c'est l'amour.

Aimer sans compter, aimer sans retour.

Ah, je comprends maintenant que la charité parfaite consiste à supporter les défauts des autres, à ne point s'étonner de leurs faiblesses, à s'édifier des plus petits actes de vertu qu'on leur voit pratiquer.

Sous l'impulsion de mère Marie de Gonzague, Thérèse, malgré ses douleurs, malgré son alitement, continue d'écrire sa petite histoire d'une âme. Malgré cette nuit de foi qui l'envahit toujours et qui lui interdit de croire à l'éternité, elle clame son espérance.

Je sens que je vais entrer dans le repos mais je sens surtout que ma mission va commencer, ma mission de faire aimer le Bon Dieu comme je l'aime, de donner ma petite voie aux âmes. Si le Bon Dieu exauce mes désirs, mon ciel se passera sur la terre jusqu'à la fin du monde. Oui, je veux passer mon ciel à faire du bien sur la terre.

Entre août et septembre 1897, le calvaire de Thérèse commence, les souffrances sont insupportables.

> *C'est à en perdre la raison. Jamais je n'aurais cru qu'il était possible de tant souffrir! Jamais! Jamais! Je ne puis m'expliquer cela que par le désir ardent que j'ai eu de sauver des âmes.*

Thérèse rend son dernier soupir le 30 septembre après deux jours d'agonie. « Agonie » vient du grec *agonia* qui veut dire « combat », son dernier combat sur terre.

Malgré les souffrances endurées pendant des semaines, jamais son visage n'a été aussi beau.

> *Je ne meurs pas, j'entre dans la vie.*

L'épopée mystique de Thérèse est un miracle.

Voilà cette jeune Normande qui entre au couvent à 15 ans et qui meurt neuf ans plus tard de la tuberculose. Sans parler d'indifférence, elle disparaît pour le moins discrètement. Elle, que les soldats de la guerre 14 appelleront au plus profond de leur désespoir. Elle, qu'Édith Piaf en personne glorifiera toute sa vie pour lui avoir, enfant, rendu la vue. Elle, que les plus grands écrivains, comme Georges Bernanos, Paul Claudel ou François Mauriac, salueront de leur génie de plume. Elle, que les catholiques du monde entier allaient bientôt vénérer. Elle, que les docteurs de l'Église allaient glorifier. Elle n'est pas le fruit d'une méprise, d'une mode ou d'un goût fin de siècle pour les « bondieuseries ».

La petite Thérèse de l'Enfant-Jésus est un des plus beaux signes envoyés par le ciel.

Dans un temps où l'individualisme est roi, où l'être humain est obnubilé par le désir d'expansion, d'acquisition, de grandeur, de pouvoir, Thérèse montre la voie de la petitesse. Au-delà du rejet de l'autre, qui ressemble plus à de l'indifférence qu'à de la peur, elle nous enseigne la beauté de l'empathie, l'urgence de l'autre… Prendre soin de l'autre.

Sainte Jeanne d'Arc
(1412-1431)

Courage – Transgression

« Jeanne j'aurais aimé vous plaire
Et je désespère de venir un soir à vos genoux
Vous n'êtes qu'une image perdue dans les âges
Et moi dans l'amour de vous
Et je chante ma peine loin de celle que j'aime
L'âme pleine de mélancolie
Et je chante ma peine loin de celle que j'aime
L'âme pleine de mélancolie… »

Musique lancinante et belle de Laurent Voulzy dont les paroles de son compère Alain Souchon m'avaient, quelques années plutôt, viscéralement envoûtée. Était-ce un texte qui parlait de réincarnation ? d'un amour éternel sans cesse remis sur l'établi ? Peu importait, c'était la force de Jeanne qui, par son courage, sa transgression et son mystère, inspirait la beauté malgré la patine des siècles. Quatre accords où majeur et mineur s'entrelaçaient mélodieusement… Harmonie combien céleste dont usa

Paul McCartney pour écrire… *Let it be*! Ainsi soit-il. Un autre signe ?

Cette chanson merveilleuse m'apparaissait comme une évidence pour ouvrir au grand public un nouveau projet audacieux qui n'allait pas nécessairement rencontrer les suffrages du métier… Faire un disque et un spectacle sur Jeanne d'Arc.

Ma rencontre spirituelle avec sainte Thérèse de Lisieux m'avait portée naturellement vers la Pucelle d'Orléans, cette femme hors du commun des mortels, cette femme, encore une enfant, qui allait braver tous les interdits de son époque, surmonter toutes les difficultés, cette femme qui allait oser des choses inimaginables pour son temps. Qui était-elle au juste ? Une simple petite bergère que des voix célestes avaient guidée vers une des aventures humaines les plus incroyables de notre histoire ou une jeune noble déjà rompue aux arts de la chevalerie, comme l'imposent certains historiens ? Quelle que soit la vérité historique des origines, cette quête divine, guerrière et patriotique, transcenderait tous les mystères séculiers pour ne laisser que le miracle de sa trajectoire.

Bien que le mot de « féminisme » soit clairement anachronique et peut-être même déplacé aux oreilles de certains, j'aime à penser que, par ses actes iconoclastes pour l'époque, Jeanne en dessine les premiers contours. J'use à dessein de ce vocable parce que son combat, bien que la nature des transgressions ait aujourd'hui changé, reste moderne et parle encore. Au-delà de l'aspect guerrier, le courage intrinsèque de Jeanne a inspiré, au cours des siècles, des milliers d'hommes et de femmes et elle reste très populaire. Pour ma part, je n'entends pas le féminisme avec l'oreille des femens pour lesquelles défiler nues dans une foule serait un cri nécessaire et efficace... C'est un contresens du féminisme que de l'opposer aux hommes. Par ses actions, Jeanne va sortir de la condition dans laquelle les us et coutumes du XIVe siècle l'ont installée, et en cela elle met un pied dans la porte du conformisme. En cela également, elle est inspirante aujourd'hui et qu'elle fait résonner en moi ce petit *angélus*... Car, si je me pose souvent la question des grandes choses à accomplir, le conformisme ambiant me rattrape, me saisit et me conforte à me glisser dans le moule sociétal. Je voudrais être plus mordante, plus assaillante, pour creuser plus profondément encore le sillon de la cause féminine. J'ai la chance d'avoir un micro tendu, une caisse de résonance fantastique, alors j'en profite pour faire parler des femmes plus courageuses que moi, plus rebelles.

Sa capacité à garder sa foi quoi qu'il advienne m'interpelle aussi.

Lorsque j'enseigne le yoga, on me demande souvent la différence entre la foi et le courage. Je pense que les deux sont liés, car avoir la foi, c'est croire en quelque chose sans en avoir la preuve, et ce hiatus, je crois, appelle le courage, surtout dans un monde où tout concourt à nous démontrer l'inanité de la croyance, dans un temps où l'irrationnel et le surnaturel sont moqués par des esprits dits forts qui veulent opposer science et religion.

Jeanne a endossé des habits d'homme et coiffé ses cheveux en sébile (au bol) pour pouvoir commander aux soldats sans créer de troubles, elle va porter une armure, convaincre des soldats, subjuguer un roi, conduire une armée, sans jamais douter ni de ses voix, ni de *sa* voie… Captive, cette jeune bergère transcendée de 19 ans sera interrogée, jugée, condamnée, abandonnée. Et face aux flammes et à la souffrance, elle ne se reniera pas…

De la folie ?

Non, du courage.

Un courage dans lequel chacun peut puiser à un moment de sa vie.

Merci, Jeanne.

Depuis quelques années, le vocable « ressenti » s'est installé dans les bouches et les esprits, montrant par là qu'en toute chose, même la plus factuelle, la perception peut être différente selon chaque individu. N'étant pas historienne de profession, et ne voulant pas entrer dans quelque polémique historique que ce soit, j'aimerais aborder l'histoire de Jeanne sous l'angle de ce « ressenti ». Il n'est pas ici question d'une exégèse biographique, ni d'une remise en question d'un mythe, pas plus que d'un apport de nouvelles sources sur le sujet, mais simplement de ma vision de cette jeune femme restée si populaire et dont la destinée a traversé les âges presque miraculeusement.

Une vie

Le 30 mai 1431, sur la place du Vieux-Marché de Rouen, un brasier s'élève devant la foule extatique. Au cœur des flammes, une frêle silhouette ligotée s'affaisse, terrassée par les gaz toxiques. Quelques secondes plus tôt, elle vient d'en appeler six fois à Jésus ; son dernier cri est un râle puissant qui saisit l'auditoire. La petite croix que lui a confectionnée rapidement un homme dans la foule, tombe dans les flammes.

Sur ordre des Anglais, Geoffroy Thérage, le bourreau, s'avance, écarte les fagots afin que tous constatent qu'il s'agit bien du corps de la Pucelle d'Orléans. On alimente à nouveau le feu pour une nouvelle flambée. Les maîtres d'Albion ne veulent laisser aucune trace de leur victime. Le corps se consume jusqu'à éclater sur la foule sauvage et avide de mauvais spectacle. Il faut une troisième crémation pour faire disparaître le cœur et les entrailles. Un cœur qui ne semble pas vouloir se consumer. On ajoute de l'huile et de la poix. Une partie de la foule se signe. Des rumeurs courent déjà qu'on vient de brûler une sainte. Les Anglais sont prudents et le bourreau est accompagné d'une solide escorte pour aller jeter les cendres de la martyre dans la Seine.

La foi et le courage de cette jeune femme allaient changer le visage de la France pour toujours.

Comment ne pas être impressionné par la bravoure de cette femme qui a porté en elle le destin d'une France en danger, de cette enfant qui a abandonné ses parents et sa terre pour un destin incertain…

Jeanne est née à Domrémy, un modeste village des Vosges, alors aux frontières de plusieurs suzerainetés. Un calcul approximatif nous donne sa naissance en l'an 1412, mais à cette époque aucun registre paroissial n'en fait état. Lorsqu'elle vient au monde, la guerre de Cent Ans fait rage qui oppose, depuis 1337, Anglais et Français (les maisons Plantagenêt et Valois).

Un petit tour historique du royaume de France est nécessaire pour bien comprendre dans quelles conditions Jeanne d'Arc va apparaître, convaincre, batailler et mourir.

En 1338, soixante-quatorze ans avant la naissance de Jeanne, le roi Philipe VI confisque les fiefs du roi anglais Edouard III après que celui-ci, un an plutôt, a réclamé la couronne de France.

Tout vient donc d'une crise de succession au trône de France.

Les trois fils du roi Philippe IV le Bel sont morts sans héritier et c'est son neveu, Philippe VI, qui monte sur le trône, ouvrant la maison des Valois à la couronne de France.

Pourtant, une femme aurait pu éviter les cent ans de guerre à venir : la princesse Isabelle, la fille de Philippe Le Bel. Avec la fameuse loi salique, qui interdisait aux femmes d'accéder au pouvoir royal, elle est écartée du trône et va épouser, magie des alliances, le roi d'Angleterre, Edouard II. Leur fils, Edouard III, petit-fils de Philippe

Le Bel, estime être plus légitime qu'un Valois à prendre le trône de France en tant que Capétien direct.

Aux exigences du roi anglais, Philipe VI répond par la confiscation de la Guyenne (région du Sud-Ouest), alors fief anglais.

Pouvoir guerrier des hommes, orgueil insolent et meurtrier, alors qu'une femme coiffée de la couronne, j'ai la faiblesse de le penser, aurait tout arrangé.

La guerre de Cent Ans commence…

Nombreuses sont les défaites françaises, puis les reconquêtes sous Charles V, ponctuées par les faits de guerre du célèbre connétable Bertrand Du Guesclin. Puis tout retombe dans le chaos sous le règne de Charles VI, celui que l'histoire nomme le « roi fou ». Très vite, son entourage se déchire pour exercer le pouvoir et une guerre civile se déclare, celle qui oppose les Armagnacs (partisans du dauphin Charles, fils du roi) et les Bourguignons (partisans d'un cousin du roi, le duc de Bourgogne) qui s'allient avec les Anglais.

Moins d'un an plus tard survient le désastre… La chevalerie française s'humilie à la bataille d'Azincourt. Nous sommes en 1415, Jeanne a 3 ans. La France vient de perdre le Nord, les troupes du roi d'Angleterre, Henry V, entrent dans Paris. Le traité de Troyes signé en 1420 déshérite le dauphin Charles, et le « roi fou » marie sa fille au roi anglais que l'on reconnaît comme le régent du pays et futur héritier du trône. Le Nord-Est du pays est sous la coupe réglée des Bourguignons et le dauphin n'est obéi que dans le Sud-Ouest.

En 1422, à la mort de son père, il devient Charles VII… le fameux !

Jeanne a 10 ans.

Les images d'Épinal nous la montrent jeune bergère candide et solitaire, perdue dans ses pensées ou à l'écoute de voix célestes. Cette représentation un peu naïve de cette jeune Lorraine me convient et me charme, comme m'émeut ce nom de Jeanne d'Arc… Jeanne de l'arche, celle qui est née dans la maison près du pont. Un nom tout simple, d'Arc… d'où jaillit une flèche qui traverse l'histoire de France.

Tous les témoignages que nous avons du quotidien de Jeanne viennent bien sûr de son procès où elle nous dit, à travers les siècles, qu'elle savait coudre et tisser le lin, qu'elle aidait aux moissons et qu'elle allait parfois, pour rendre service, porter les bêtes aux pâturages. Son père, Jacques, est un fermier assez cossu, propriétaire d'une vingtaine d'hectares de terres arables. Il possède une aisance sociale qui fait de lui un notable au point même qu'il deviendra collecteur d'impôts et sera élu « doyen de la chrétienté ». Le roi Charles VII lui octroiera en 1429 un titre de noblesse héréditaire.

Jeanne est une enfant heureuse, gaie et pleine d'une farouche énergie. Elle est très pieuse aussi, presque dévote, au point qu'on la moque parfois. Elle aime le son des cloches qui tourne sa pensée vers Dieu. Qu'elle soit aux semailles ou au labourage, dès qu'elle entend le son du tocsin, elle s'agenouille et prie.

On retient de ses jeunes années une attitude calme, enjouée où la mélancolie et la prétention n'ont pas cours.

> *Puis vint cette voix, environ l'heure de midi, au temps de l'été, dans le jardin de mon père.*

Elle a 12 ans.

Elle vient d'entendre une voix qui lui semble venir de la droite, du côté de l'église. D'abord effrayée par cette voix, elle l'apprivoise, relève la tête et distingue un flot de lumière en mouvement.

> *Je l'ai vu de mes yeux, de mes propres yeux, de mes yeux de chair, comme je vous vois… C'était un homme à l'aspect très vénérable. Il n'avait pas de couronne sur le front, ni de balance dans la main. Il était accompagné d'une escorte d'anges…*

Est-ce l'archange saint Michel, le chef des armées célestes, qui est là, cerné de ses anges, et qui lui demande d'une voix digne et profonde de « se bien conduire et de fréquenter l'église » ?

Il faut à Jeanne trois visites avant d'être sûre.

La jeune fille ne le sait pas encore, mais cette voix venue des cieux est une bonne nouvelle pour la France et une mauvaise pour les Anglais.

Saint Michel revient vers Jeanne pendant ce même été pour l'avertir qu'elle serait visitée par sainte Catherine et sainte Marguerite.

Ce qui arrive.

> *Le visage des saintes était beau. Elles portaient d'opulentes couronnes, très opulentes, très précieuses ; leur voix était douce, modeste ; elles donnaient de bons conseils et réconfortaient.*

Elle est longuement interrogée sur la nature de ses apparitions. Apparaissaient-elles toujours de la même façon, comment étaient-elles vêtues, parlaient-elles l'une après l'autre, les cheveux étaient-ils courts ou longs, etc. Autant de questions auxquelles Jeanne répond sans ambages, parfois avec humour.

> *Je pouvais les embrasser, les sentir et les toucher. [...] J'ai baisé leurs pieds et serré dans mes bras leurs genoux.*

Merveilleuse Jeanne qui, devant ses juges et ses bourreaux, ne perd ni courage, ni foi. Elle n'admet pas qu'on puisse interpréter ses voix et visions comme un produit de son inconscient ou d'une fantaisie maladive et capricieuse.

Puisque ce livre est un hommage aux saintes, j'en profite pour éclairer ces deux femmes qui furent la lumière de Jeanne, Catherine et Marguerite.

Sainte Catherine d'Alexandrie

Sainte Catherine était une vierge martyre morte en 309.

On la dit d'Alexandrie où, en ses jeunes années, elle croisa pour son malheur le règne de Maximin II Daia, un empereur du Bas-Empire romain que l'histoire garde comme un vil organisateur de liturgies emphatiques, un faiseur de pamphlets antichrétiens, ou encore un auteur sardanapalesque de débauches ! Un fou de luxure ! Un monstre qui n'hésitait pas à pratiquer des sacrifices.

Pour fuir une orgie et défendre sa virginité et sa dignité de femme, Catherine se refusa et subit alors de terribles flagellations, jusqu'à sa décapitation. De crainte d'être profanée *post mortem* par ces émules du diable qui se disaient « hommes », elle pria les anges d'emporter son corps et de le dissimuler aux yeux de ses bourreaux. Ce qui fut fait au mont Sinaï.

Ne reconnaît-on pas dans cette sérénité d'âme, ce souci de la virginité, ce combat face à des adversaires malveillants et ce destin de martyre, une similitude avec Jeanne ?

À sa mort, sainte Catherine d'Alexandrie avait 19 ans… Elle aussi.

Jeanne ne savait rien de tout cela.

Sainte Marguerite d'Antioche

Sainte Marguerite est née à Antioche de Pisidie, au cœur de l'actuelle Turquie. Fille d'un prêtre idolâtre, elle se convertit au christianisme en secret. Cette jeune vierge d'une grande beauté, qui voua sa virginité à Jésus, était jeune bergère quand elle fut remarquée par Olibrius, un préfet romain qui, frappé par sa beauté, voulut faire d'elle sa concubine. Elle se refusa, résista aux assauts de ce potentat venu là pour persécuter les chrétiens au nom d'Aurélien. Ivre de désir et de jalousie, le préfet fit jeter la pauvre jeune fille en prison, d'où elle pria pour que les anges la protègent et défendent son corps. Elle subit la torture des flammes et du glaive.

L'archange saint Michel n'envoie pas au hasard ces deux saintes martyres qui vécurent, quelques siècles plus tôt, un calvaire similaire à celui qui attendait Jeanne.

Au début, les voix, ou *la* voix comme le dit Jeanne, tiennent des propos simples et clairs, propres à ne pas effaroucher une enfant. L'archange lui conseillant d'abord d'être bonne fille et d'aller à la messe. Des paroles pleines de sens pour elle.

Elle s'habitue peu à peu à ces voix qui lui servent de guide, mais elle n'en perçoit pas les implications profondes.

Puis, aux alentours de 1428, les voix deviennent plus précises et plus insistantes, qui font appel à *la grande pitié qui était au royaume de France.*

Jeanne a 16 ans, elle a entendu parler de la prise d'Orléans et elle connaît les angoisses du roi Charles VII, les intrigues de sa cour, la ruine dans laquelle se trouve son pays et le danger que représente pour lui la présence anglaise.

« Elle doit quitter Domrémy, se rendre en France… »

Comment ? Elle qui ne sait le chemin à suivre, qui ne monte pas à cheval et qui ne connaît rien d'autre que son travail domestique et ses prières…

« Il faudra se rendre en Allemagne ; il faudra porter secours au roi. »

Les voix sont de plus en plus formelles et patriotiques. Si Jeanne ne doute pas du « comment cela se fera-t-il », la crainte de quitter ses parents, son clocher, sa campagne et tout ce qui fait sa jeune vie, la tenaille. Jusqu'au bout, elle vit ce combat intérieur entre sa volonté et sa sensibilité. Même au plus fort de la guerre, elle est tiraillée par son état d'âme d'enfant.

> *Ah ! s'il plaisait à mon Créateur que je dépose les armes et retourne près de mon père et de ma mère garder leur troupeau.*

Quel courage, quelle foi !

Elle va tout d'abord user d'un petit subterfuge et demander à son père l'autorisation d'aller soutenir une de ses cousines qui revient de couches. Elle se rend à Burey, un village proche de Domrémy. Sa stratégie est simple : convaincre l'époux de sa cousine, Durant Laxart, de l'aider à rencontrer Robert de Baudricourt, le capitaine de la forteresse de Vaucouleurs. Elle désire ardemment s'engager dans les troupes arguant qu'une prophétie locale donne une pucelle lorraine comme salvatrice de la France.

> *Je suis venue vers vous, Robert, de la part de mon Seigneur, afin que vous mandiez au dauphin qu'il se garde bien, mais qu'il ne livre présentement à ses ennemis aucune bataille ; parce que le Seigneur lui enverra le secours vers la mi-carême prochaine. Le royaume n'est pas au dauphin. Il est à mon Seigneur.*

Mais mon Seigneur veut que le dauphin soit roi, et qu'il tienne en commende son royaume. Malgré ses ennemis, le dauphin sera roi. Moi-même je le conduirai recevoir son sacre.

On la moque et on la renvoie à ses moutons.

Les hommes de guerre et de raison n'ont que faire des affabulations d'une bergère pubère.

« Souffletez-moi cette gamine et la reconduisez à son père. »

Retour au bercail.

Mais les voix se font plus incisives.

Je ne me lancerai pas dans une analyse historique de la situation qui est très tendue et complexe, mais il faut savoir que jamais, en cette année 1428, le roi Charles VII ne s'était trouvé aussi isolé dans ses appuis.

Jeanne doit repartir pour convaincre Robert de Baudricourt du bien-fondé de sa mission divine.

Eussé-je cent mères et cent pères, je serais partie.

Elle passe plusieurs semaines à Vaucouleurs où sa gentillesse, sa piété, sa vigueur et son charisme font grande impression. Bientôt la rumeur s'enfle et la prophétie d'une jeune vierge sauvant le roi se répand.

Impressionné par la jeune fille, un soudoyé de Baudricourt, Jean de Novelenpont, va intercéder en sa faveur et quand il lui demande quand elle veut partir, elle fait cette célèbre réponse :

Plutôt aujourd'hui que demain, plutôt demain qu'après !

Comment peut-on interpréter autrement cette détermination, cette volonté, cette certitude et ce courage pour un être si jeune, si ce n'est en comprenant qu'elle est éclairée par l'Esprit ?

Il faut encore quelque temps pour que l'évidence s'affiche aux yeux de Robert de Baudricourt, à qui l'opinion publique signifie pourtant son incompréhension de tant d'hésitations.

C'est la fameuse journée des Harengs, symbole ridicule des hommes à la guerre, qui servira à faire déborder le grand vase à suspicions.

Imaginez près de trois cents chariots pleins de vivres envoyés par les Anglais pour soutenir les assiégeants d'Orléans. Les Français, instruits de la manœuvre, décident de prendre les devants et d'aller défaire ces renforts. Mais voilà que les deux chefs à la manœuvre, Jean Dunois, comte de Longueville, et le comte de Clermont ont des visions opposées sur la façon de guerroyer… L'un préconise le combat équestre, l'autre préfère l'esprit fantassin. Résultat, les Anglais prennent le temps de préparer l'assaut et la débandade française s'ensuit. L'échauffourée ayant crevé quelques barriques pleines de harengs, le nom resta et le ridicule aussi.

Seulement voilà, à plusieurs centaines de kilomètres de là, Jeanne d'Arc prévient Baudricourt du désastre français devant Orléans.

Vous tardez trop à m'envoyer, le gentil dauphin a eu près d'Orléans un grand dommage.

Impressionné par cette vision inexpliquée, le capitaine de Vaucouleurs n'a plus le choix. Si c'est une illuminée, ses hésitations parleront pour lui, si elle est portée par le ciel, il sera un instrument de sa réussite. Il lui consent une escorte de six hommes.

Avant le départ, on lui coupe les cheveux au bol comme c'est la mode pour les hommes et pour plus de pratique, elle revêt des habits de voyage utiles au cavalier.

La petite troupe s'élance le 23 février 1429. Il est midi.

Le voyage jusqu'à Chinon, où se trouve le dauphin, dure onze jours. L'histoire retient que le voyage se fit sans encombre malgré des régions aux mains des Bourguignons, mais j'imagine l'état d'esprit de cette jeune fille traversant des forêts sombres parcourues de brigands, passant des nuits dans de modestes auberges aux côtés d'hommes en armes… Enfant sublime !

Mais Jean de Novelenpont, un de ses plus fidèles compagnons, nous enseigne beaucoup sur le personnage :

La nuit, elle demeurait vêtue de ses vêtements d'en haut et de ses vêtements inférieurs bien liés, et enfoncés les uns dans les autres. Mais qui eut osé se permettre devant elle même une parole inconvenante ? Je jure n'avoir jamais eu une mauvaise pensée à son endroit.

Tous les témoignages disent la même chose et vantent sa piété, sa simplicité, sa générosité et sa détermination « d'un autre âge ».

Rien ne semble l'inquiéter. Parfois, autour d'elle, les enthousiasmes se refroidissent et les craintes d'une mission sans succès jaillissent, mais toujours, Jeanne, par sa force de persuasion et sa ferveur, fait renaître les espoirs.

« À l'entendre, nous nous sentions pleins d'amour divin. »

La petite troupe entre à Chinon le 6 mars.

Par une lettre préalable de Robert de Baudricourt, le dauphin est au courant de la venue de la jeune fille, mais son entourage, pour de multiples raisons, est méfiant. On exige alors une entrevue avec Jeanne.

Ce que retient moins l'histoire des hommes avec un petit « h », c'est que la rencontre historique est facilitée grâce à la sagesse de deux femmes, Yolande de Sicile, la mère du dauphin, et Marie d'Anjou, son épouse. Dans ces situations qui requièrent la diplomatie du cœur, les femmes ont souvent l'instinct vainqueur sur la prétendue raison des hommes de pouvoir. Marie d'Anjou aurait-elle rencontré Jeanne avant son mari ? C'est tout à fait probable.

La scène fameuse de la rencontre au château de Chinon a souvent été expliquée par les rationnels de tout poil comme une mascarade propre à bâtir la légende. Elle est pourtant cohérente au regard du parcours de la jeune sainte.

Jeanne s'avance dans la grande salle du château sous les regards avides et curieux de plus de trois cents personnes venues voir le phénomène. Le roi s'est retiré, elle ne le sait pas. Un homme grand et beau apparaît devant elle. Il est richement vêtu. Il se présente comme étant Charles. Jeanne se détourne de lui et vient s'agenouiller devant une silhouette plus modeste et timide dissimulée au cœur de la noblesse.

Dieu vous donne bonne vie, gentil roy.

« Ce n'est pas moy qui suis le roy… Il est là. »

Gentil prince, en nom Dieu, c'est vous et non un autre.

La scène fait grande impression. Sa fraîcheur et son assurance parlent en son nom. Elle s'entretient avec celui qu'elle appelle le dauphin, signifiant par là que seul le sacre à Reims fera de Charles le véritable *lieutenant de Dieu qui est vrai roy de France.*

Elle lui promet la libération d'Orléans et de Paris.

Charles ne doute pas du patriotisme de Jeanne qui l'émeut, mais s'inquiète de ses visions et peine à croire aux voix de saint Michel, de Catherine et de Marguerite.

Le chemin est encore long. Jeanne s'impatiente, ses voix aussi. Déjà près de deux semaines à Chinon que l'on s'enlise dans les pourparlers, bien qu'un aréopage de femmes de grands seigneurs aient attesté de sa « virginité, humilité, honnêteté, simplicité et dévotion ».

Par la grâce de sa présence, Charles finit par voir en Jeanne ce que, peut-être, Clovis avait vu en l'évêque saint Rémi, mille ans plus tôt.

Mais une dernière commission composée de « grands clercs » est chargée d'un examen définitif. Il se fait à Poitiers. Une des enquêtes les plus fouillées de l'histoire y est faite. Là, les meilleurs docteurs de l'Église vont admettre l'aspect surnaturel de la mission de Jeanne.

Le roi, longtemps indécis, une fois son parti pris, envoie Jeanne vers Orléans. Nous sommes en avril 1429.

En partant de Poitiers, elle se rend à Blois, dernière étape avant Orléans.

Sur le chemin, le long de la rive gauche de la Loire, ce n'est que clameur, hourras et vivats pour accompagner cette jeune femme précédée par sa réputation. Elle se sent enfin vaillante. Celle qui entend est à présent entendue.

Pauvre enfant qui ne sait pas encore que cette exaltation qui s'empare d'elle, elle la paiera par l'abandon des amis, la trahison des clercs, la lâcheté des hommes et les flammes de l'enfer.

Mais pour l'heure, la guerrière exaltée est en marche aussi sûrement que le printemps éclot.

Non loin de Poitiers, sur la route de Tours, se trouve la petite bourgade de Sainte-Catherine-de-Fierbois où une église s'élève en l'honneur de la fameuse martyre qui parle à Jeanne. De nouveau, la voix se manifeste… Dissimulée derrière l'autel se trouve une épée, celle de Charles Martel qui chassa les Maures en 732. Il y déposa son arme en hommage à la sainte. Là encore, la légende s'empare du miracle, à moins que cela ne soit le contraire. Dès cet instant, cette épée rouillée dont la lame est marquée de cinq croix, devient le symbole d'une guerrière éclairée, tel le roi Arthur et son Excalibur.

À Blois, près de cinq cents hommes la rejoignent. C'est là qu'elle enfile son armure faite sur mesure et payée par le roi lui-même. Son étendard au champ fleurdelisé, frappé du nom *Jhésus Maria*, flotte au vent quand elle quitte la cité blésoise, le 27 avril.

Curieux équipage que celui qui longe la Loire… Son avant-poste est constitué de prêtres et de moines qui dardent les bannières aux crucifix et chantent le *Veni Creator Spiritus*. Le fer et le cuir suivent, l'armée de Dieu est en marche.

La route est longue et difficile, d'autant que Jeanne achemine des chariots de victuailles et des troupeaux. Chaque jour, à l'aube, avant le départ, la messe est célébrée.

La ville est bientôt en vue.

En ces temps, Orléans n'est pas simplement une ville allongée sur la Loire, mais une véritable forteresse ceinte de trente-cinq tours. Depuis des mois, les Anglais font le siège autour de la ville. Si les Orléanais ne connaissent pas la peur à l'abri de leurs murailles, ils connaissent la faim.

L'ost de Jeanne est là pour les ravitailler et bouter définitivement les Anglais de la place.

Jeanne arrive à point nommé car la cité est sur le point de capituler.

Le 29 avril, elle contourne les bastilles anglaises et entre dans la ville sous les cris de joie d'une population pourtant exténuée.

De l'intérieur de la ville, elle lance les assauts, obligeant les alliés à se réfugier dans les redoutes, les rendant assiégeants assiégés. Peu à peu, chaque bastille anglaise est défaite.

Jeanne n'est pas seulement un soutien symbolique pour ses capitaines, ce n'est pas qu'une sainte carmélite, c'est une sainte guerrière ! Elle monte à l'assaut, la lourde épée au clair, grimpe les échelles… Elle est même blessée d'une flèche dans l'épaule, elle pleure, s'évanouit. Elle se retire pour se confesser et prier.

Nous sommes au matin du 9 mai, c'est un dimanche. Jeanne refuse de combattre le jour du Seigneur. Le mardi précédent, elle avait prédit la victoire sous cinq jours.

Avant midi, ce dimanche, les Anglais lèvent le camp.

La victoire est totale.

Un mois plus tard, c'est la bataille de Patay et la reprise totale du Val de Loire par les Français. C'est un véritable tournant dans la guerre de Cent Ans. Jeanne n'est pas de cette bataille, car elle est à Loches où elle tente de convaincre Charles VII d'aller à Reims pour se faire sacrer. Là encore, la partie n'est pas gagnée car la politique a ses raisons que le cœur et l'âme de Jeanne n'entendent pas, ses raisons et ses orgueils… L'entourage du roi est divisé, mais Dieu a envoyé Jeanne pour délivrer la France des Anglais et faire sacrer le roi pour le faire lieutenant de Dieu sur terre. Le dauphin en est d'accord, mais ses conseils sont terre à terre. Le voyage pour Reims est parsemé de danger. La région est encore aux mains des Bourguignons. La ville des rois est encerclée et c'est un nouveau défi.

Derrière l'oriflamme de celle que l'on appelle désormais la Pucelle d'Orléans, toute la chevalerie est là, toute la bravoure et la dignité françaises. Une armée solide s'avance dans l'Auxerrois et remonte vers Troyes qui, alors aux mains des Bourguignons, est bientôt reprise.

Dans chaque ville qu'elle traverse, Jeanne fait sonner les clochers, réunit les religieux de sa cohorte et chante des antiennes à la Vierge Marie.

Le 16 juillet, l'armée royale pénètre dans Reims. Le lendemain, c'est le sacre. Dans le chœur de la cathédrale, face à l'autel, le roi exige la présence de Jeanne et ne minimise pas son action héroïque ; elle reste debout, son étendard dressé, comme un émissaire de la parole divine. Quatre chevaliers, dont le célèbre Gilles de Rais, apportent la sainte ampoule, celle qui, depuis Clovis, contient l'huile sacrée qui consacre les rois. L'archevêque Regnault de Chartres oint le front de Charles.

Te Deum.

Jeanne se prosterne devant le roi et pleure.

> *Ô gentil roi, maintenant est fait le plaisir de Dieu, qui voulait que je fisse lever le siège d'Orléans et que je vous amenasse en votre cité de Reims recevoir votre saint sacre, montrant que vous êtes vrai roi, et qu'à vous doit appartenir le royaume de France.*

Jeanne vient de faire le roi.

Jeanne vient de refaire la France.

Pas comme chef de guerre, bien sûr, comme l'ont dit les Anglais, car les maréchaux de France ont grandement contribué aux succès militaires, mais comme le miracle nécessaire, la présence divine, qui emporta les ardeurs et réchauffa l'espérance de tout un peuple et de ses élites.

Que lui reste-t-il à accomplir ? Sa voie, c'est la sainteté, les grandes douleurs ne sont plus très loin pour qu'elle s'accomplisse pleinement.

Sa grande mission accomplie, elle tente de convaincre le roi de marcher sur Paris. Il hésite, puis refuse. Ce n'est pas lui que l'histoire retient comme Charles le Téméraire. Au lieu de choisir la ligne droite qui le mènerait aux cloches victorieuses de Notre-Dame, il fait étape en zigzag jusqu'à Compiègne. Mais le grand chambellan du roi, Georges de la Trémoille, est non seulement de mauvais conseil, mais également jaloux de Jeanne. Encore un homme de pouvoir qui voit son prestige atténué par la présence d'une femme. Jeanne est la lumière du trône et cela ne peut convenir aux intrigants.

Paris est aux mains des Anglais et des Bourguignons et la bourgeoisie parisienne ne porte pas Charles VII dans son cœur. Jeanne décide de s'y rendre et, avec ses fidèles chevaliers, elle prend la ville de Saint-Denis, au nord de la capitale, avant de fondre sur l'antique porte Saint-Honoré (non loin du Louvres, aujourd'hui), le 8 septembre. Pendant l'assaut, un carreau d'arbalète lui transperce la cuisse. Courageuse, elle veut rester pour mener l'assaut, mais on la ramène à Saint-Denis. C'en est fini de Paris, car Charles VII exige la retraite vers la Loire.

C'est le premier abandon que subit Jeanne.

Désireuse de continuer sa mission, suivie de ses capitaines, la jeune fille décide de regagner les dernières places fortes encore aux mains des Bourguignons. Elle va reprendre Saint-Pierre-le-Moûtier, près de Bourges, mais s'étioler au siège de La Charité-sur-Loire avant de vivre quelques semaines d'inaction à Sully-sur-Loire, au château de La Trémoille. En réalité, on essaye d'endormir sa frénésie, car le roi est en train de négocier une trêve avec son cousin le duc de Bourgogne.

La vision céleste de Jeanne s'oppose avec les compromissions politiques. Elle voit grand et loin. Elle a raison. Car pendant que Charles VII parle boutique, les Anglais reprennent confiance et commence le siège de Compiègne. Les habitants n'écrivent pas au roi, mais à Jeanne pour qu'elle les protège.

La jeune femme, sans prévenir personne, décide de s'y rendre. Elle n'est pourvue que d'une armée de quatre cents hommes, soldée à ses frais. Elle parvient dans la ville au petit matin du 23 mai et y entre secrètement. Le soir même, lors d'une échauffourée avec l'ennemi devant les remparts de la ville, elle est encerclée, tombe de cheval… Elle est prise ! Les Bourguignons la séquestrent et, par deux fois, elle tente de s'évader contre l'avis de ses voix.

C'est tragique, mais qu'importe… Jeanne a déjà remis la France debout. Ce qu'elle a semé tout au long de ces derniers mois, se lèvera bientôt. Après les temps héroïques, ce sont ceux de la souffrance qui se profilent. Les temps qui feraient de l'héroïne, une sainte.

Sous bonne escorte, les Bourguignons la cachent de châteaux en forteresses dans la crainte d'un coup de force des Français. Puis on la mène à Arras où, six mois après son arrestation, elle est vendue aux Anglais pour la faramineuse somme de dix mille livres... Une rançon royale. Pourtant, celui qui lui doit tout ne semble pas vouloir tenter de la racheter ou de la faire délivrer. Charles VII est un pragmatique et opte pour la rationalité politique. La Pucelle d'Orléans a fait son temps!

Après un périple insensé, c'est à la veille de Noël 1430 que Jeanne arrive enfin à Rouen où on l'enferme dans une des tours du château de Philippe Auguste, le château de Bouvreuil. La place est aux mains des Anglais et elle est sûre.

Le procès de Jeanne va s'étendre du 21 février au 23 mai 1431. C'est long, mais il faut comprendre que si les Anglais veulent la condamner pour hérésie, c'est pour discréditer Charles VII et son sacre rémois.

Quant à l'université de Paris, magistère moral de l'époque, elle déteste Jeanne car il ne faut pas oublier que par son action contre les Bourguignons, la jeune femme a bousculé les prébendes des élites françaises rangées du côté anglais.

Pierre Cauchon, l'évêque de Beauvais, homme de sinistre mémoire, est chargé d'instruire l'affaire. C'est l'homme-lige des Anglais, il n'y a pas plus inféodé que cet homme plus politique que religieux. C'est un homme violent, plus laïc qu'épiscopal.

Pauvre Jeanne, seule et isolée dans la noirceur de sa geôle. Comme elle doit se sentir abandonnée... Son

« gentil » roi qui ne se manifeste pas et ces Anglais impitoyables. Elle évite la torture, mais ses conditions carcérales sont épouvantables.

Dans ce procès inique dont on possède toutes les minutes, il est frappant de constater la pureté de cette jeunesse éclatante face à une assemblée de clercs, vieux barbons érudits et doctes. Cent vingt accusateurs au total. Bien entendu, certains avoueront, vingt-cinq ans plus tard, lors du procès en réhabilitation, qu'ils étaient pétrifiés de peur…

Bien sûr, ce n'était pas le regard franc de cette petite femme d'1,60 m qui les terrorisait, mais l'ire anglaise et la menace de la mort si leur verdict n'allait pas dans le sens voulu.

Pendant des semaines, l'inquisiteur Pierre Cauchon s'évertue à piéger Jeanne. On l'accable de mille maux. Les juges tentent de démontrer que les visions qu'elle invoque sont d'origine démoniaque. On lui reproche d'avoir écouté des voix avant de s'en remettre au filtre de l'autorité ecclésiastique, mais aussi d'avoir porté des vêtements d'homme ! Au total, soixante-dix chefs d'accusation sont retenus.

Tout est dit lors de ces terribles journées de réquisitoire. Aucune histoire n'est mieux documentée que celle de Jeanne. Mais des centaines de pages que forment les minutes du procès durant ces cent jours, je retiens cette réponse de Jeanne à une question du tribunal où jaillit là tout son esprit « de tranquille certitude » :

« Es-tu en la grâce de Dieu ?

— Si je n'y suis, Dieu m'y mette ; et si j'y suis, Dieu m'y garde. »

Le 28 mars, on requiert que « ladite Jeanne soit déclarée et prononcée sorcière et sortilège, devineresse, hérétique, schismatique, menteuse, apostate et blasphématrice de Dieu et des saints ».

Lorsqu'elle entend sa condamnation, Jeanne accepte de reconnaître l'autorité de l'Église et de reprendre ses vêtements féminins en échange de sa vie.

Mais là, surgit un dernier mystère… De retour dans sa prison, Jeanne remet ses habits d'homme. Pourquoi ? On suppose qu'on ne lui avait laissé que ceux-là pour se vêtir.

Un dernier piège.

On le constate et elle est jugée relapse, retombant dans ses erreurs passées.

Elle est condamnée à mort.

Jeanne d'Arc meurt sur le bûcher le 30 mai 1431.

Nous savons que le procès de Jeanne était scellé d'avance. Quoi qu'elle dise, quoi qu'elle fasse, le piège ne pouvait qu'inexorablement se refermer sur elle. Toutes ses réponses ont été tronquées pour servir au mieux l'accusation.

Quinze ans plus tard, un nouveau procès la réhabilite aux yeux de l'Église et de l'histoire. Elle est béatifiée le 11 avril 1909 et canonisée le 16 mai 1920. Le 2 mars 1922, elle est proclamée patronne secondaire de la France, après la Vierge Marie.

Oui, il a fallu cinq cents ans pour que Jeanne soit canonisée. Pendant des siècles, il avait été difficile de considérer la chose, car c'était une catholique condamnée par des catholiques. L'amende honorable n'était pas simple à faire. Puis arrive un XIXe siècle turbulent, un des siècles les plus anticléricaux qu'ait connu l'histoire de France. 1905, son aboutissement, voit la séparation de l'Église et de l'État. Si elle réjouit les libres-penseurs, elle heurte une grande partie des Français. Pour le Saint-Siège, la béatification de Jeanne en 1909 est un moyen de réconciliation. C'est une passerelle avec l'Allemagne laïque et républicaine. La canonisation qui arrive onze ans plus tard scelle, quant à elle, l'envie d'unir un peuple meurtri par quatre ans de guerre fratricide.

Trois ans plus tard, en 1925, c'est au tour de Thérèse d'être canonisée. Comme elle a dû être heureuse du haut de son ciel de se voir si vite reconnue par les clercs de l'Église et d'être mêlée, dans la postérité, au destin posthume et divin de Jeanne, elle qui fut, pour le pape Pie XI, « l'étoile de son pontificat ».

J'ai toujours une grande émotion quand j'évoque Jeanne. Cette jeune fille, presque une enfant, va devenir, par sa bravoure et sa détermination, un symbole de force, de résistance et de foi, pour toutes les combattantes du monde entier. Chacune d'entre nous peut y puiser quelque chose qui rend plus fort. Elle a été, pour son époque, la voix de la gent féminine en politique, elle a cassé des codes, des certitudes… Certaines femmes, aujourd'hui, en font même une icône féministe, symbole d'une femme libre dont le courage a été plus fort que la peur, la ténacité plus grande que l'histoire et sa foi plus belle que la raison.

Edith Stein
Sainte Thérèse-Bénédicte de la Croix
(1891-1942)

Féminité et persévérance

Après une incursion au XVe siècle avec Jeanne d'Arc, qui nous a montré le chemin du courage autant physique que moral, j'aimerais revenir à une époque plus proche de la nôtre en abordant la vie d'Edith Stein, cette femme admirable qui va disparaître tragiquement dans les camps de la mort en 1942.

Avec Thérèse et Jeanne, j'ai abordé la notion de féminisme que je sais être anachronique, mais que j'assume, car je pense que l'une et l'autre sont l'essence même de la puissance invisible des femmes, socialement, culturellement et politiquement, et qu'elles ont, par des actions différentes, des combats personnels ou publics, mené cette force jusqu'à nous.

Cette notion du féminisme, je la développerai souvent tout au long de ces pages, mais quand je pense à Edith Stein, une autre chose m'apparaît, étrangement, c'est la féminité. J'entends, par féminité, l'ensemble des caractéristiques morphologiques et psychologiques qui nous sont spécifiques à nous les femmes. Edith Stein, au travers de ses écrits et de sa philosophie, s'adresse à toutes celles d'entre nous qui sont dans la peine ou la souffrance et elle nous relie à notre essence de femme. J'aime l'idée, comme elle la développe, que l'homme et la femme puissent se déployer différemment pour former une harmonie. Dans la musique, que je pratique chaque jour intensément, l'harmonie, c'est la réunion de plusieurs notes qui forment un accord. Aucune de ces notes, qu'elles soient hautes ou basses, ne prévaut sur une autre. Elles ont leur place, leur fonction, leur importance. Au même titre que l'homme et la femme sont égaux parce que leurs différences ne les séparent pas… Encore faut-il accepter ces différences pour que chacun reçoive de l'autre. Chercher à effacer les spécificités entre les sexes est voué à l'échec. S'offrir comme seul but l'égalité, c'est prendre le risque de ne pas se découvrir et se comprendre soi-même. Pourquoi se faire l'esclave des canons masculins au prix de sa propre liberté.

> *Le monde n'a pas besoin de ce que les femmes ont, il a besoin de ce qu'elles sont.*

Pour moi, la philosophie d'Edith Stein s'adresse essentiellement à notre sensibilité féminine quand elle nous explique que par nature, que nous soyons mères ou non, nous sommes faites pour accueillir et transmettre.

L'homme est une flèche et la femme est un éventail.

Dans notre monde si rapide, si « sûr de lui », si détaché des valeurs fondamentales, il n'est pas toujours facile d'entendre cette voix. C'est pourtant, je crois, le chemin de la vraie liberté. Être fidèle à ce que l'on est profondément et ne pas chercher à devenir ce que la société voudrait que l'on soit.

Mais la philosophie d'Edith n'est pas qu'une vision intellectuelle des choses et des êtres, elle est nourrie par une vie riche, combattante, une vie de persévérance.

Avant d'embrasser le Carmel catholique comme l'y invita spirituellement sainte Thérèse d'Ávila, cette jeune allemande juive, athée puis convertie au catholicisme, fut non seulement une philosophe de haute volée, mais une militante acharnée que le sort des femmes tracassa très tôt, elle qui se battit pour leur droit de vote en Allemagne et qui permit aux jeunes filles de s'inscrire enfin dans les universités.

Sa foi fut belle, brillante et prosélyte, sa ténacité exemplaire, elle qui ne pliera jamais devant l'hydre nazie, qui ne renoncera à rien, quels que furent les dangers.

Son destin m'a toujours fascinée et fait réfléchir à la notion de persévérance et d'entêtement… À quel moment bascule-t-on de l'un vers l'autre ? Quand l'un mène aux choses les plus hautes, les plus belles, et l'autre au néant… Comment savoir, comment percevoir dans une vie, et dans une vie d'artiste peut-être encore plus, quand une passion vous pousse à croire en vous, comment être sûr qu'une persévérance magnifique n'est peut-être qu'un entêtement stupide où la vanité le dispute à l'orgueil ?

Edith Stein, qui deviendra sainte Thérèse-Bénédicte de la Croix, est, je crois, une de ces femmes qui répondent par leur vie à cette question.

> *« Inclinons-nous profondément devant ce témoignage de vie et de mort livré par Edith Stein, cette remarquable fille d'Israël, qui fut en même temps fille du Carmel et sœur Thérèse-Bénédicte de la Croix, une personnalité qui réunit pathétiquement, au cours de sa vie si riche, les drames de notre siècle. Elle est la synthèse d'une histoire affligée de blessures profondes et encore douloureuses, pour la guérison desquelles s'engagent, aujourd'hui encore, des hommes et des femmes conscients de leurs responsabilités ; elle est en même temps la synthèse de la pleine vérité sur les hommes, par son cœur qui resta si longtemps inquiet et insatisfait, "jusqu'à ce qu'enfin il trouvât le repos dans le Seigneur". »*
>
> Jean-Paul II

Une vie

À l'automne 1891 naît Edith Stein à Breslau en Pologne actuelle, alors ville prussienne qui vient d'intégrer l'Empire germanique. Elle est la dernière d'une fratrie de onze enfants. La famille Stein est juive et c'est le jour du Kippour, le jour du Grand Pardon, que choisit Augusta, sa mère, pour accoucher. L'avenir montrera que naître le jour de l'expiation était pour Edith Stein comme une sorte de préfiguration de son destin.

Le père, Siegfried, est commerçant de bois, mais les affaires ne vont pas fort. Il meurt d'une insolation peu avant les deux ans d'Edith et Augusta reprend la direction de l'entreprise qu'elle remonte à la force du poignet. Malgré le peu d'argent, la maison se veut accueillante et la porte est toujours ouverte pour les déshérités, les blessés de la vie, qui ont besoin d'un toit accueillant. C'est un peu la maison du « cœur ouvert ». Sans modèle masculin, le matriarcat prend le relais, notamment avec l'arrivée de la tante Mika, qui comptera beaucoup pour la benjamine de la famille Stein.

Ces temps pauvres, mais bénis, nous serons contés quarante ans plus tard dans un livre important, *Vie d'une famille juive,* écrit par Edith pour s'opposer à la propagande nazie antisémite qui, en 1933, commence à fleurir sinistrement… Elle y décrit avec force détails, la réalité généreuse de leur quotidien aux antipodes des ignominies véhiculées par les hautes instances du Troisième Reich. Ce livre ne fait pas l'éloge du judaïsme, mais décrit une manifestation vibrante de ce qu'était vivre en tant que fille d'Israël.

> *Car, nous qui avons grandi dans le judaïsme, nous avons le devoir de porter témoignage.*

Dans un univers où le travail et la survie sont prioritaires, la tante Mika, fraîchement veuve, apporte un lien fort avec les racines juives où l'orthodoxie religieuse est aussi importante que l'humour et la culture. Elle apporte sans doute à Edith cette notion de l'empathie, que la philosophe développera plus tard. Mika est sa plus tendre confidente.

Il existe une maternité spirituelle qui consiste à porter l'autre dans son cœur pour lui permettre de grandir.

Pour ses réflexions futures sur les femmes, Edith aura toujours en tête ce double modèle féminin, d'une tante sans enfants, bienveillante et mémoire vivante du judaïsme familial, et d'une mère courage, femme d'affaires, aimante et protectrice. Une double figure tutélaire qui nourrira sa philosophie sur la mission particulière de la femme dans la société.

Très tôt, la petite Edith affiche un caractère enjoué, « d'une pétulance vif-argent », comme elle se décrit, d'une volonté farouche d'apprendre et faisant preuve d'une détermination totale quant aux objectifs qu'elle se fixe. C'est une révoltée qui essaye de pousser les murs de son « intérieur ».

Il y avait un monde caché au fond de moi.

Elle perçoit très tôt qu'elle est portée vers les autres, mais n'a pas encore pleinement conscience de son rapport à Dieu.

Elle commence une scolarité brillante, mais n'y trouve pas de confort particulier. Aussi, à 15 ans, abandonne-t-elle l'école pour rejoindre sa sœur Else à Hambourg et s'occuper de ses enfants, comme l'avait fait la tante Mika. Un virage qui s'accompagne d'un cruel doute sur sa foi.

> *En pleine conscience et dans un choix libre, je cessai de prier.*

Cela dure une dizaine de mois, puis elle revient à Breslau et se lance à corps perdu dans les études, rattrape son retard, se nourrit d'œuvres littéraires et se passionne pour la philosophie qu'elle découvre avec Schiller et Kant.

Edith est consciente que chaque livre ouvert l'éloigne un peu plus de sa famille et notamment de son cousin Franz qui nourrit pour elle des sentiments très forts, atténués néanmoins par le fait que le jeune homme ne se voit pas épouser une femme aussi douée.

Je me pose là la question du carcan social, du poids des consciences de l'époque où le jeune homme ne peut concevoir de lier sa vie à une femme plus brillante que lui intellectuellement.

Quel chemin à parcourir encore pour nous en ce début de XXe siècle !

Il faut dire que la jeune fille a tout pour elle. Elle danse avec grâce, joue du piano, pratique le tennis merveilleusement, elle amuse même les soirées en inventant, sans le savoir, les prémices du stand-up… Son humour est ravageur et son sens de l'autre relève presque du génie. Elle se passionne pour la musique avec un amour inconditionnel pour la rigueur quasi divine de Bach, elle s'émerveille des opéras de Mozart, de *Fidelio* de Beethoven, elle écrit et compose des comédies, des parodies, des sketchs.

Cependant, elle doit encore lutter contre elle-même, contre cet orgueil intempestif qui gangrène bien souvent les êtres d'exception. L'humilité n'est pas encore au rendez-vous de ces jeunes années de formation.

Elle n'en reste pas moins très attentive aux problèmes de son temps jusqu'à s'engager politiquement dans l'Association prussienne pour le vote des femmes.

En 1911, la jeune femme obtient son bac et décide de continuer ses études en s'orientant vers la philosophie. Toujours curieuse, elle découvre le philosophe Edmund Husserl qui développe le concept de la phénoménologie qui consiste simplement à observer les phénomènes afin de réfléchir au cœur du réel. Une manière de penser réaliste (observer le réel pour accéder à l'idée) qui s'oppose à l'idéalisme (de l'idée pour accéder au réel). « Qu'est-ce que je vois et qu'est-ce qui est ? » S'en tenir à l'expérience vécue.

Une réflexion qui pousse Edith à choisir comme sujet de thèse, l'empathie.

Notions philosophiques parfois un peu abstruses, mais l'empathie me parle, le souci de l'autre, le désir constant d'écouter et de comprendre son entourage, sa famille, ses amis, ses enfants. Essayer, par exemple, de percevoir le véritable sens d'un soupir à l'écoute d'une belle musique… Est-ce le fruit d'un ennui ou d'une exaltation profonde ?

Par ce biais, à l'écoute d'autrui, Edith revient peu à peu à la foi. Des amis ou des maîtres qu'elle admire sans concessions et qui baignent dans la croyance catholique ne méritent-ils pas qu'on s'y intéresse ?

En 1913, elle intègre la société de philosophie de Göttingen, ville dans laquelle elle continue brillamment ses études. C'est un creuset d'intelligence où elle croise les cerveaux les plus féconds d'Allemagne. Elle y rencontre Max Scheler, un juif converti au catholicisme, qui donne des conférences sur un nouveau courant de pensée, l'anthropologie philosophique qui tend à relier la biologie et les sciences humaines. En 1913, quand on sait ce qui attend le monde un an plus tard, son analyse est radicale :

> *Jamais dans l'histoire telle que nous la connaissons, l'homme n'a été autant qu'aujourd'hui un problème pour lui-même.*

Tout est dit.

Quand la guerre éclate, Edith ne veut pas rester inactive et elle retourne à Breslau pour aider la collectivité face à la tragédie qui pointe. Elle devient infirmière et intègre la Croix-Rouge. Elle est mutée à l'hôpital militaire de Mährisch-Weisskirchen qui se trouve alors en Autriche-Hongrie. Elle veut faire œuvre de patriotisme : elle est confrontée à la mort brutale et sort totalement ébranlée de cette expérience du réel.

Son dévouement est récompensé par la Médaille de la Bravoure.

Lorsqu'elle rentre à Breslau, épuisée, autant physiquement que moralement, elle s'applique à reprendre sa thèse. Elle est une des premières femmes à l'obtenir avec la mention *summa cum laude*[1], la distinction honorifique la plus élevée qui soit.

Un de ses maîtres et ami, Adolf Reinach, qui s'est récemment converti au catholicisme, meurt à la guerre à 33 ans. C'est un choc douloureux pour Edith. C'est un père spirituel qui la quitte.

> *Après deux visites chez Reinach, j'avais l'impression d'avoir vécu une nouvelle naissance. Tout dégoût de la vie avait disparu. Celui qui m'avait sauvé de ma détresse m'apparut comme un bon ange.*

Cependant, le cheminement de Reinach, juif comme elle, vers le protestantisme et le catholicisme, va la troubler et l'interroger profondément.

Il lui faut encore un peu de temps avant de prolonger et compléter les idées de cet ami cher.

La guerre n'est toujours pas terminée quand, en 1916, elle devient l'assistante d'Edmund Husserl, le théoricien de la phénoménologie. Là encore, malgré une qualité de travail, une pertinence de l'analyse et du raisonnement, louée par le maître lui-même, elle n'obtient pas l'habilitation (haute qualification qui suit le doctorat) sous prétexte qu'aucune femme n'étant titulaire d'une chaire de philosophie en Allemagne, Husserl ne veut pas prendre le risque de faire échouer le processus.

---

1. Avec les plus grands honneurs.

Qu'avions-nous fait, mon Dieu ?

En 1919, elle va s'engager en politique, dans le Parti démocrate allemand (DPD) où elle retrouve des féministes affichées et des personnalités juives. Bien sûr, elle s'inquiète de l'antisémitisme galopant qui souffle à travers la société allemande, l'opportunisme des politiciens l'agace. Depuis quelque temps déjà, son patriotisme prussien l'a abandonnée au profit d'un sentiment plus européiste. Cette femme ultra brillante voit bien la tragédie des nationalismes poindre et verse dans un pacifisme exacerbé. Elle va naturellement s'opposer aux idéologies de masses, qu'elles soient nationales socialistes ou marxistes.

Ce qui ne l'empêche pas de continuer son combat féministe, d'abord en faisant appel au ministre de la Culture pour faire tomber le barrage qui interdit aux femmes d'obtenir une chaire à l'université.

Elle a 30 ans, en 1921, quand elle croise véritablement le Christ. Son cheminement intérieur reste trouble, elle en a peu parlé, mais les témoins s'accordent à dire que la lecture de sainte Thérèse d'Ávila est déterminante. En refermant le *Livre de la vie* où elle a perçu la sincérité d'un cœur consumé par la présence de Dieu, elle s'est écriée : « Voilà la vérité ! » Légende ou fait ? Quoi qu'il en soit, quelques mois plus tard, elle est baptisée dans l'Église catholique.

> *Le Christ est le centre de ma vie et l'Église ma maison. [...] Au moment de ma conversion, j'ai pensé que vivre la religion signifiait faire abstraction de tout*

ce qui est terrestre pour ne vivre qu'en pensant aux choses de Dieu.

Mais la lecture de saint Thomas d'Aquin va la convaincre que ce n'est pas le bon choix et qu'elle doit continuer à construire une œuvre intellectuelle.

Plus on est attiré profondément en Dieu, plus il faut « sortir de soi » pour aller vers le monde et y porter la vie divine.

Son travail de réflexion s'épaissit et, tout en enseignant l'histoire et l'allemand devant des jeunes bénédictines où elle développe son goût de la transmission, elle travaille à des traductions et produit un certain nombre d'écrits philosophiques. Là encore, elle va montrer sa grande bienveillance et une intelligence moderne. Quand un texte littéraire ou une pièce de théâtre n'a pas l'adhésion des clercs pour des raisons de morale ou à cause d'auteurs au relativisme religieux patent, Edith Stein prône une formation pour discerner et non censurer.

À partir de 1926, son aura dans les milieux intellectuels grandissant, elle devient également conférencière et amorce une grande tournée à travers l'Allemagne. Son sujet de prédilection est la place de la femme dans la société et dans l'Église. En 1930, sa conférence sur « l'éthique des métiers féminins » la pousse encore un peu plus loin sur la scène de la modernité.

> *Aucune femme n'est seulement femme, chacune présente des traits individuels et des dispositions propres, tout comme l'homme, par l'aptitude à exercer telle ou telle profession dans un domaine artistique, scientifique ou technique.*

Comment ne pas adhérer à ce qui pourrait nous apparaître aujourd'hui comme une évidence, mais qu'il est bon de répéter avec ou sans l'aide d'Edith.

Elle met toujours en avant la pédagogie par le parler vrai. Ne jamais écarter les sujets les plus épineux, qu'ils soient culturels, politiques, voire sexuels. Par cette même approche, elle prend, dès 1933, des positions antinazies sans entrer dans une analyse manichéenne.

La pensée philosophique d'Edith est multiple et complexe et, pour ma part, je ne peux que m'arrêter à l'écume des choses… En tant qu'artiste, ivre de liberté par nature, mais surtout en tant que femme, je suis très sensible aux combats et aux convictions d'Edith Stein. Son ambition, son idée élevée de la femme dans la société et dans le monde ne peuvent que faire écho à nos oreilles de féministes modernes, même si cela peut choquer certaines d'entre nous.

Pour elle, la femme est munie d'une nature qui lui est propre. Ce n'est pas un homme incomplet, diminué, mais une merveille de la nature. Devant Dieu, homme et femme ont une dignité égale.

Dans notre monde contemporain, du moins occidental, où l'essence des choses et des êtres est peut-être occultée par l'idéologie, je conçois qu'il puisse être difficile d'entendre sa vision de notre altérité. C'est-à-dire ce qu'elle appelle la « théologie de la femme » qu'elle conçoit comme une mère, une procréatrice et une éducatrice. C'est la femme qui préside à tout ce que sera l'individu à venir. Pour Edith Stein, si les mêmes dons existent chez l'une comme chez l'autre, les proportions sont différentes.

> *Chez l'homme, ce sont surtout les dons requis pour le combat, la conquête et la domination : la force physique pour prendre possession du monde extérieur, l'entendement pour pénétrer intellectuellement le monde et enfin la force de caractère et la puissance de réalisation pour le façonner d'une manière créative. Chez la femme, ce sont les capacités de préserver l'être en gestation et en croissance, de le protéger et de favoriser son développement, d'où, sur le plan physique, le don de vivre dans une union plus intime avec son corps et de rassembler tranquillement ses forces, et, d'autre part, celui d'endurer des douleurs, de se priver et de s'adapter ; d'où, sur le plan psychique, la disposition à se porter sur ce qui est concret, individuel et personnel, la capacité de l'appréhender dans sa spécificité et de s'adapter à celle-ci, et le désir de favoriser son développement.*

Je sais certaines de mes amies qui sauteraient à la gorge de quiconque prononcerait ces paroles aujourd'hui, mais ce sont les mots et l'analyse d'Edith Stein qui, par son statut de martyre, deviendra copatronne de l'Europe et un exemple pour des milliers de femmes.

Car son féminisme est d'abord une initiative pour une bonne formation féminine. Elle comprend que c'est un enjeu majeur de la société moderne.

> *Mettre l'accent sur l'érotisme et la sexualité est essentiel dans une époque où la jeune génération ressent plus d'intérêt pour l'épanouissement dans la vie professionnelle…*

Nous sommes au début des années 30 lorsque Edith Stein écrit et prononce ces mots.

> *Pour contester que les femmes puissent exercer d'autres métiers que celui d'épouse ou de mère, il fallait vraiment être aveugle et sans objectivité. […] Il y a désormais un bouleversement culturel qui exige que l'on retourne à la question fondamentale de ce qu'est un homme et de ce qu'est une femme.*

Dans une Allemagne en mouvement, où le ton se durcit, les multiples engagements d'Edith Stein, toujours dans une résolution antinazie, demandent un courage exemplaire. Dès l'accession de Hitler au pouvoir, elle ne peut plus professer. Elle va alors écrire au pape Pie XI pour lui demander d'afficher une position claire sur cette furieuse « idolâtrie de la race » qui secoue les édiles du Troisième Reich. C'est une lettre très structurée qu'envoie

Edith au Saint-Père, dans laquelle elle met en exergue la détresse de son peuple, le lien qui existe entre la haine des Juifs et celle du Christ, et la menace qui pèse, de fait, sur l'Église elle-même.

L'encyclique *Humani generis unitas*, qui condamne l'antisémitisme, est-elle le fruit de cette lettre ? Certains le prétendent, mais elle avorte en raison de la mort du pape en 1939.

Malgré sa conversion dix ans plus tôt, jamais Edith Stein ne renie son amour pour Israël, son amour pour son peuple et sa judaïté. Son grand livre sur la famille juive en est la preuve.

> *Quand on est né et qu'on a grandi dans le judaïsme, on connaît les hautes valeurs humaines et morales dont on a hérité, qui restent le plus souvent inconnues de ceux qui sont à l'extérieur.*

Edith donne sa dernière conférence en janvier 1933 sur le thème de « La formation des jeunes à la lumière de la foi catholique ».

Au même moment, Adolf Hitler déclare : « On est ou bien chrétien ou bien allemand, mais on ne saurait être les deux à la fois. »

Fermez le ban.

Les lois scélérates édictées par le Führer accélèrent l'entrée au couvent des carmélites déchaussées de Cologne d'Edith Stein. Elle y entre le 15 octobre 1933.

Elle a 41 ans.

Elle y prend, six mois plus tard, le nom de Thérèse-Bénédicte de la Croix, portée par la spiritualité de sainte Thérèse d'Ávila.

Elle est désormais sœur Bénédicte.

Elle ne cherche pas à se couper du monde et reprend activement ses travaux philosophiques. Il en sort une de ses œuvres majeures, *L'Être fini et l'Être éternel,* où elle expose que la recherche de Dieu commence par la recherche de soi. Malgré ses réflexions de haut niveau et ses combats homériques contre l'antisémitisme, elle n'oublie jamais de vivre cette « petite voie » qu'elle a apprise de sainte Thérèse de Lisieux.

Ce n'est qu'en avril 1938 que ses vœux définitifs de carmélite sont prononcés. Cela précède de peu son départ pour le carmel d'Echt, aux Pays-Bas, en raison des lois nazies qui s'intensifient à l'encontre des Juifs.

Voyant cette araignée sinistre s'étendre sur son pays et son peuple, sur sa famille et ses amis, elle fait part de son désir de s'offrir en sacrifice au Sacré-Cœur de Jésus.

> *J'implore le Seigneur de prendre ma vie pour la paix dans le monde et le salut des Juifs.*

L'étau se resserre.

La Gestapo ne met pas longtemps à venir frapper à la porte de son couvent. Le 2 août 1942, elle est arrêtée avec sa sœur Rosa qui s'était elle aussi convertie. Sans perdre ni foi ni courage, elle murmure à l'oreille de sa sœur : « Viens, nous allons pour notre peuple. »

Elles sont d'abord envoyées dans un camp de transit tout au nord des Pays-Bas, Westerbork, puis rapidement transférées à Auschwitz où elles périssent deux jours plus tard.

« Elle a eu le courage de se tenir debout dans les ténèbres de ce monde. »

C'est ce que dira Jean-Paul II en 1987, lors de la messe de béatification d'Edith Stein, avant de la proclamer sainte de l'Église universelle, dix ans plus tard. Par son message lumineux, le pape avait éteint toute inquiétude dans les instances juives qui craignaient une récupération…

> *Une fille d'Israël, qui pendant les persécutions des nazis est demeurée unie avec foi et amour au Seigneur crucifié, Jésus Christ, telle une catholique, et à son peuple telle une Juive.*

Cela ne la rend-elle pas femme universelle, flottant au-dessus des clivages ?

Au-delà de son discours féministe moderne et raisonné dans lequel la femme est complémentaire de l'homme tout en respectant sa nature profonde pour mieux s'épanouir (féminité combattante), je retiens la détermination de cette femme, sa persévérance inouïe, sa force de caractère et l'exemple de courage physique et intellectuel qu'elle nous offre. Elle qui nous invite à suivre notre vocation sans nous laisser ébranler par les opinions d'autrui, à ne pas se laisser influencer par les modes.

Ces paroles me parlent.

Je me souviens avoir rencontré il y a quelques années une jeune femme, fragile d'apparence, qui en est venue à me raconter sa carrière militaire. Elle était frêle, menue, et sortait de Saint-Cyr à 23 ans. Elle est alors envoyée en mission dans un pays instable qui réclamait l'aide française. Elle devait, toute jeunette, commander plus de deux cents hommes. Ce qu'elle allait faire pendant vingt-quatre ans avec succès et avec, en tête, un petit conseil que lui avait donné son père : « N'essaie jamais d'être un homme ! »

Edith Stein ne dit pas autre chose dans son ouvrage *La Femme*, recueil de ses cours et conférences, où elle développe la mission de la femme selon la nature et la grâce. J'ajouterais que dans un monde qui se déchristianise, qui chasse le surnaturel au galop, qui s'éloigne de la contemplation, qui idolâtre le veau d'or, et qui ne considère l'individu que comme un consommateur passif, les paroles d'Edith Stein sont apaisantes et ses combats, un exemple.

Quand le monde s'assombrit, les cœurs doivent s'illuminer si on ne veut pas prendre le risque que nos destins soient crucifiés.

Sainte Hildegarde von Bingen (1098 -1179)

Omniscience

Nous faisons un nouveau bond dans l'histoire. Presque mille ans… Pour nous approcher à pas feutrés d'Hildegarde von Bingen, cette femme hors du commun qui fut à la fois abbesse, musicienne, poète, illustratrice, qui marqua de sa présence la médecine monastique de son temps et que l'historienne, Régine Pernoud, qualifia de « conscience inspirée du XIIe siècle ».

Multiples sont les raisons d'aborder un tel personnage que la patine du temps n'a pas réussi à effacer et qui est arrivé jusqu'à nous comme par miracle. Il n'est pas un milieu qui ne connaisse aujourd'hui encore son existence et nombreuses sont les bibliothèques qui possèdent un ouvrage de cette femme omnisciente. *La Symphonie des harmonies célestes*, ses recueils de lettres, *Les Causes et les remèdes*, etc. Son travail dans sa quasi intégralité nous est parvenu, continue d'être publié et, toujours, nous fascine par sa pertinence et sa modernité.

Prenons la musique à laquelle je suis particulièrement sensible… Ses compositions sont d'une beauté saisissante et se jouent encore, s'enregistrent, s'analysent.

Il est amusant de penser que cette invention quasi céleste qu'est la musique et qui fut l'apanage des hommes pendant des siècles, fut, en son origine, non seulement défendue par une femme, mais également développée par elle. En ce temps, nous sommes au début du XIIe siècle, l'Église est divisée par la pertinence de cet art nouveau pour glorifier Dieu. Pour Hildegarde, il n'y a pas de débat : la musique soigne l'âme. Elle va donc se mettre à composer pour ses sœurs bénédictines et pour les offices religieux. Elle crée une musique aux polyphonies élaborées, aux harmonies audacieuses, pour des voix épurées qui s'élèvent vers le ciel. Plus de soixante-dix partitions nous sont parvenues.

> *L'âme est symphonique ; de même que la parole désigne le corps, la symphonie manifeste l'esprit…*

Là encore, après Jeanne et Thérèse, l'idée d'un album de chansons autour d'Hildegarde me serait séduisante.

De nos jours, nous avons du mal à imaginer, avec notre vision du Moyen Âge, peut-être légèrement faussée, qu'une femme, religieuse au cœur d'un couvent perdu dans un petit coin de Rhénanie, a pu être à l'origine d'une œuvre aussi considérable avec un tel rayonnement… Car cette femme va écrire, parler et enseigner aux plus grandes personnalités de son époque, comme Bernard de Clairvaux, le pape Eugène III ou encore l'empereur Frédéric Barberousse.

Hildegarde, que l'on peut qualifier d'omnisciente, tant elle a touché à toutes les disciplines avec brio, est véritablement inspiratrice pour les artistes d'aujourd'hui où la transversalité des arts est de plus en plus nécessaire pour créer.

Pour moi, Hildegarde est la preuve que la connaissance offre la liberté à tout individu, que le savoir efface la dualité homme/femme, tant sur le plan culturel que spirituel. Son appétence pour la science et les arts va lui ouvrir la voie royale dans un monde où le pouvoir est aux mains des hommes. Elle ne va pas se fier à une parole dictée, mais forger sa propre opinion grâce à sa culture. Son esprit raisonné et critique fera que des hommes viendront de très loin pour la consulter.

Sans révolution, à la force de son intelligence, elle va marquer sa place, montrer que, si la coutume est essentielle, l'importance de faire parfois sortir les rivières de leur lit est cruciale pour bouger les choses et réfléchir à l'extérieur du cercle imposé par les conventions sociales.

Et cela, nous le devons à une femme ! Cette « conscience inspirée » du XIIe siècle.

Une vie

À l'instar de Jeanne d'Arc, dont la vie nous est détaillée par les minutes si précises de son procès, Hildegarde von Bingen est une des femmes du Moyen Âge dont la vie est la mieux connue. On le doit sans doute au bénédictin Thierry Echternach qui, contemporain de la sainte, fut son biographe éclairé.

Elle est née aux environs de 1098, dans le Palatinat du Rhin qui est alors un État du Saint-Empire romain sous la houlette de l'empereur Lothaire III.

Dixième enfant d'une famille noble très nombreuse, elle est vite dévouée au magistère de Dieu. Bien sûr, l'époque est très religieuse, mais ce n'est sans doute pas la seule raison qui explique son entrée au couvent à l'âge de 8 ans.

> *Dans la troisième année de mon âge j'ai vu une telle lumière que mon âme en a été ébranlée, mais à cause de mon enfance je n'ai rien pu en dire.*

Ces visions se répètent vingt-six fois au cours de sa vie. Visions qu'elle décrit et illustre abondamment dans un ouvrage majeur, le *Scivias* (*Sci vias Domini* : « Sache les voies du Seigneur »).

Elle entre donc au couvent comme oblate selon la règle monastique de saint Benoît, règle qui régira le quotidien monacal pour les siècles à venir. À cette époque, l'oblature est une aubaine, en particulier pour les jeunes filles qui peuvent obtenir une formation intellectuelle et spirituelle sérieuse.

On confie son éducation à une sœur bénédictine réputée pour ses talents de pédagogue, sœur Jutta von Sponheim, qui va l'aider à comprendre et interpréter ses visions.

Nous apprenons, grâce à la correspondance soutenue d'Hildegarde, que la vie monastique ne laisse aucune place à l'oisiveté ni même à un ascétisme exacerbé, mais plutôt au travail manuel et intellectuel. Elle y apprend la traduction des grands textes, le travail d'enluminure et les grandes vertus de la réflexion.

Trente ans plus tard, elle devient l'abbesse de son couvent.

Tout autre qu'elle aurait vu là l'accomplissement d'une vie de recluse, mais Hildegarde a une nouvelle vision qui la pousse à partir. En 1147, elle fonde le monastère de Bingen dédié à saint Rupert, monastère qui devient vite une référence pour l'harmonie qui s'en dégage. Quinze ans plus tard, c'est au tour de l'abbaye d'Eibingen de s'élever sur les bords du Rhin.

> *Nous voulons organiser une école pour apprendre à servir le Seigneur […] Nous n'imposerons rien de dur, rien de pénible. Il y aura peut-être des choses un peu plus difficiles […] Il faut bien corriger les défauts et garder l'amour entre frères. Mais ne te laisse pas troubler par la peur et n'abandonne pas le chemin du salut […] À mesure que l'on avance dans la vie religieuse et dans la foi, le cœur devient large. Et l'on se met à courir sur le chemin des commandements de Dieu, le cœur rempli d'un amour si doux qu'il n'y a pas de mots pour le dire.*

Ses visions s'accentuent et elle entreprend une série de voyages de Cologne à Metz, en passant par Mayence pour visiter les villes et les monastères d'Europe et faire œuvre de prosélytisme, en invitant les habitants à vivre l'Évangile. Elle est toujours précédée d'une réputation tant spirituelle que politique et sociale. Les clercs religieux la respectent, mais les foules également l'acclament. Son aura de prophétesse lui confère une renommée grandissante. Ses combats contre le danger du catharisme ou son opposition musclée à certaines actions du nouvel empereur Frédéric Barberousse sont relayés et augmentent sa popularité.

> *Prends garde que le Souverain Roi ne te renverse à terre par suite de l'aveuglement de tes yeux qui ne voient pas droitement comment tu tiens dans ta main le sceptre de ton règne !*

Voilà en quels termes elle s'adresse à Frédéric Ier de Hohenstaufen, l'empereur à la barbe rubescente, le potentat le plus puissant du moment.

Elle ne s'embarrasse pas de plus d'éléments lorsqu'il s'agit d'admonester Anastase IV, un pape que l'histoire a pourtant gardé comme un pragmatique bienveillant.

> *Ô homme aveuglé par ta science, qui t'es lassé de réprimer la jactance et l'orgueil [...] Pourquoi ne tranches-tu pas la racine du mal qui étouffe les bonnes plantes ? [...] Le monde est à présent dans la lâcheté, il sera bientôt dans la tristesse, puis dans la terreur !*

Ce ne sont pas là les paroles d'une femme soumise à l'autorité patriarcale. Si elle ne flatte pas, ne flagorne pas, c'est que l'Église catholique de ce temps est la proie des schismatiques de tout poil et que l'heure n'est pas aux atermoiements et aux querelles d'orgueil.

C'est aussi la preuve de la place prédominante des femmes en ce plein XIIe siècle. Elle est alors à l'apogée de sa visibilité, non seulement dans les cours, mais aussi dans les cloîtres. Les abbesses pouvaient gérer de vastes domaines, avoir leurs soldats (militaires à la solde) et même battre monnaie. Hélas, nous perdrons peu à peu de cette prédominance, au fur et à mesure que l'art courtois disparaîtra.

Il ne faut pas voir chez Hildegarde une mystique illuminée qui avance dénuée de doute. N'étant pas sûre de la source même de ses visions, elle en réfère à la plus haute instance religieuse de l'époque, Bernard de Clairvaux, acteur du concile de Troyes où il fit reconnaître l'ordre des Templiers et grand prêcheur de la deuxième croisade. L'authenticité de ses visions est reconnue au synode de Trèves, en 1148.

Elle avance alors sous l'égide de Dieu, ce qui lui donne une autorité qu'aucun homme, aucun potentat ne se permettra de lui dénier.

Est-ce l'ordre de Dieu ou l'insistance de son entourage qui comprend qu'elle vit quelque chose d'extraordinaire… ? Toujours est-il qu'elle entreprend la rédaction de ses visions avec l'aide de son secrétaire Volmar, moine d'un monastère voisin. Le résultat est le fameux *Scivias*, un livre de plus de cent cinquante mille mots, suivi du *Livre des mérites de la vie* et du *Livre des œuvres divines.*

> *J'avais beau voir et entendre cela, néanmoins, comme je doutais et me méfiais de moi-même, et comme je voyais l'hostilité des paroles des hommes, j'ai longtemps refusé d'écrire non par entêtement, mais par pratique de l'humilité. Je me suis mise à écrire et pendant que je le faisais, j'ai pris conscience de l'extrême profondeur de ces livres.*

Hildegarde vit longtemps, puisqu'elle ne meurt qu'en 1179 à l'âge de 81 ans, ce qui lui permet de nourrir une œuvre conséquente touchant toutes les matières. On retient aujourd'hui sa modernité en matière de santé, mais pour pénétrer son approche du « mieux-être », il faut comprendre que, pour elle, l'homme est cosmique, c'est-à-dire qu'il est inexorablement lié à son environnement. Elle le considère comme étant au centre du monde, au cœur de la création divine, qu'il forme un tout uni aux éléments, le feu, l'eau, l'air et la terre, qu'il en est intrinsèquement constitué et que le déséquilibre de cette harmonie entraîne la maladie.

« *Mens sana in corpore sano* », « un esprit sain dans un corps sain », voilà la pensée médicinale d'Hildegarde résumée dans cet aphorisme du satiriste romain Juvénal.

J'aime et j'adhère à cette philosophie qui considère que l'âme et le corps sont l'œuvre unique d'une double nature, que l'homme est partout corporel. Aujourd'hui, c'est le culte du corps qui domine et rarement celui de l'âme. On s'attache à l'esthétique, on soigne son apparence, les signes extérieurs de richesse se multiplient au détriment de ceux du mystère de l'esprit.

Il y a mille ans déjà, Hildegarde nous a montré un parcours de santé, un chemin de bien-être lié à l'alimentation. Souvenons-nous que c'est elle qui a découvert les bienfaits de l'épeautre, cette céréale panifiable dont on sait aujourd'hui que sa consommation contribue au maintien des muscles, des os, des nerfs et qu'il favorise le transit intestinal... Oui, mille ans déjà et ce n'est que depuis quelques années que nous en redécouvrons les vertus. Pour son époque, Hildegarde eut une longue existence (81 ans) et son art de vivre n'y est sans doute pas étranger.

Dans un monde de consommation excessive – je parle des pays occidentaux – où jamais les propositions d'une nourriture trafiquée, transformée, n'ont été aussi fortes, n'est-il pas de plus en plus nécessaire et urgent de s'alimenter aux meilleures sources, de revenir aux bienfaits de la proximité, de privilégier les produits de qualité, pour vivre longtemps en bonne santé ?

Des études récentes ont démontré qu'une alimentation saine et raisonnée peut agir positivement sur notre ADN. On peut donc déjouer le destin, la fatalité...

La gastronomie est un art, vivre en conscience est une vertu et mettre de la poésie dans son assiette, c'est donner un avenir à son corps.

Par ses travaux, Hildegarde unifie le visible et l'invisible. Cependant, elle ne néglige pas la beauté, au contraire, elle en fait un élément de bien-être et de respect de soi, donc des autres. Offrir une apparence agréable, exempte d'orgueil, est une politesse.

> *On ne parle pas là, bien sûr, des artifices ni des « bienfaits » de la chirurgie esthétique propre à notre époque autocentrée, cette époque qui semble, étrangement, trouver de plus en plus de vertus à la laideur. Dans la forme de l'Homme c'est la totalité de son œuvre que Dieu a consignée.*

Hildegarde considère que nous sommes subordonnés à la nature en même temps que responsables de notre espace.

Ne pourrait-elle pas être considérée comme une écologiste avant l'heure ?

Mais une écologiste qui reste les pieds sur terre et la tête dans les étoiles, parangon d'une écologie qui conserve et transmet, et non pas qui juge et punit.

Pour elle, l'Homme cosmique est fait de trois subdivisions indissociables : le corps avec le cosmos, l'esprit pour les pensées et les émotions, et l'âme liée à Dieu par la prière et la contemplation. Trois comme la Trinité, comme les trois dimensions, les trois notes qui forment l'accord, le trois qui forme un tout.

La santé étant pour Hildegarde l'harmonie de ces trois dimensions, il convient d'étudier chaque cas et de définir la cause profonde du mal, car la psyché et le corps sont interdépendants. Elle sait qu'en initiant ses sœurs aux joies de l'esprit, en les formant à la peinture, à l'écriture, à la reliure, à la musique et à la réflexion, elle écarte l'ennui, les « langueurs » et que cela contribue à la plénitude des corps.

Sans doute est-elle une des premières à avoir identifié les maladies psychosomatiques et l'importance des plantes dans la guérison. Dans son livre *Physica*, elle recense des centaines de plantes, animaux et minéraux dans lesquels se trouvent les secrets de la guérison. Naturopathie, homéopathie, là encore, Hildegarde fait figure d'avant-gardiste.

> *Ce n'est pas guérir la maladie qui est important, c'est guérir le patient.*

Elle s'appuie sur la tradition laissée par Hippocrate, mais elle y ajoute l'importance de l'hygiène (elle conseille, par exemple, de faire bouillir l'eau avant de la boire), la qualité de l'alimentation, la nécessité de l'exercice tempéré par le repos… Elle parle du sang qui circule dans le corps, du système nerveux et perçoit l'importance des dents sur l'ensemble du corps, ce que l'on découvrira plusieurs siècles plus tard.

> *Celui qui veut avoir des dents fermes et saines doit, le matin, lorsqu'il se lève, mettre de l'eau pure et froide dans sa bouche et la garder un petit moment dans sa bouche pour ramollir la malignité qui se trouve entre ses dents ; ainsi, l'eau qu'il a dans sa bouche lave ses dents et, s'il le fait souvent, la malignité ne croîtra plus autour de ses dents, qui resteront saines.*

Elle est aujourd'hui chantre des amateurs de médecines parallèles, souvent décriées par les officines officielles toujours promptes à nier leurs vertus au détriment des certitudes des laboratoires pharmaceutiques. Hildegarde reste donc, mille ans plus tard, éminemment politique.

Elle disparaît le 17 septembre 1179, dans sa quatre-vingt unième année. Elle est très vite inscrite au martyrologe romain, qui liste les martyrs chrétiens :

> *Au monastère de Rupertsberg près de Bingen en Hesse, en Allemagne, sainte Hildegarde, vierge, qui, experte en sciences naturelles, médecine et musique, exposait pieusement et décrivait dans quelques livres les contemplations mystiques dont elle avait l'expérience.*

Aujourd'hui, les reliques d'Hildegarde von Bigen sont déposées dans une châsse de l'église paroissiale de Rüdesheim am Rhein, sur les bords du Rhin, à l'ouest de Mayence.

Elle reste bienheureuse pendant des siècles bien que le peuple l'ait consacrée sainte depuis bien longtemps. Il faut attendre Benoît XVI pour que soit officialisée sa canonisation, en mai 2012, lui qui dit d'Hildegarde :

> *Une grande prophétesse qui nous parle avec une grande actualité aujourd'hui aussi, à travers sa capacité courageuse à discerner les signes des temps.*

On parle souvent de l'expression « remettre l'église au milieu du village ». Certains laïcs se l'approprient pour expliquer qu'il faut revenir à des débats raisonnables au cœur de la cité, d'autres, plus conservateurs, pour dire qu'il faut respecter la tradition.

J'ajouterais, et cela grâce à Hildegarde, qu'il faut remettre la femme à côté de l'église.

On a vu combien l'aura de cette femme a eu d'importance au cours de sa vie par ses multiples talents et, à n'en pas douter, son génie.

Je veux prendre un exemple.

Il faut attendre Léonard de Vinci pour que soit popularisé le dessin de l'homme vitruvien, cet homme dessiné dans un cercle et un carré qui représente les dimensions parfaites établies au Ier siècle av. J.-C. par un architecte romain, Vitruve. Ce dernier a chiffré les proportions du corps humain telles que la nature les a composées. Léonard de Vinci réactualisa le concept par son célèbre dessin en 1492... Mais sainte Hildegarde von Bingen l'avait conçu deux cent soixante ans plus tôt suite à une vision où l'Homme se trouvait au centre de la création.

De plus, ne dit-on pas que son livre de visions inspira Dante pour l'écriture de sa *Divine comédie* ?

Les hommes à l'honneur, mais les femmes à l'ouvrage.

Cependant, le temps et les conventions n'effacent ni le génie ni les évidences.

Pour nous les femmes aujourd'hui, Hildegarde reste un personnage inspirant qui peut chaque jour nous aider à trouver une voie, un équilibre, une santé, une philosophie. Elle a toujours gardé foi en elle, foi en l'Homme, foi en Dieu. Sa confiance doit être pour nous un exemple.

Sainte Gianna Beretta Molla
(1922-1962)

Abnégation

« Tu désirais tant un autre enfant, tu as prié et fait prier pour que le Seigneur t'exauce. Le Seigneur t'a exaucée, mais cette grâce divine t'aura demandé l'offrande de ta vie. Et tu l'as faite. »

Pietro Molla

Après notre incursion dans ce haut Moyen Âge encore empreint de mystère, de mysticisme, de gothique, ces temps qualifiés d'obscurs par les « éclairés » de la Renaissance, ce Moyen Âge pourtant dit « courtois », aux mentalités si éloignées de notre modernité, de notre conception du monde et, je dirais même, de notre vision du sens de la vie, je reviens dans notre terrible XXe siècle, ce siècle de paradoxes où les progrès les plus prestigieux ont côtoyé les abominations les plus folles ; ce siècle aux guerres fratricides et aux innovations prodigieuses ; ces temps où les orgues de Staline étouffaient les harmonies de Chostakovitch et de Prokofiev, où la moustache de Hitler se voulait plus originale que celle de Richard Strauss, et où les péroraisons de Mao Zedong écrasaient les poètes de la liberté.

Dans ce monde, en 1922, est apparue Gianna Beretta Molla, une Milanaise au destin si particulier, tragique et beau à la fois. Cette Italienne n'a pas la renommée des quatre saintes précédentes, mais je voulais parler d'elle parce que son histoire, son choix, son sacrifice, posent question. Une question à laquelle il est difficile de répondre, du moins de répondre avec sincérité.

Gianna est médecin, pédiatre. Pour cette époque, on peut dire qu'elle s'est mariée sur le tard, à 33 ans. Elle a trois enfants et, en 1961, elle entame une quatrième grossesse. On lui découvre alors un fibrome à l'utérus. Sans l'ombre d'une hésitation, elle refuse l'avortement nécessaire à sa survie et fait le choix de sauver l'enfant.

Nous sommes en 1962, dans une Italie catholique et la médecine d'alors ne va pas contre sa volonté. Son vœu est exaucé et elle meurt quelques jours après l'accouchement dans de très grandes souffrances.

Sa mort provoque dans le pays une très vive émotion. Beaucoup voient en elle une héroïne des temps modernes, symbole absolu du don de soi, tandis que d'autres ne comprennent pas sa décision.

Elle est béatifiée le 24 avril 1994 et canonisée le 16 mai 2004. Mais, comme on l'a vu dans un paragraphe précédent, béatification et canonisation appellent deux miracles. Quels sont-ils ? Nous les découvrirons plus tard, car ils ont une particularité des plus étonnantes.

Alors comment se positionner face à une telle situation ? Comment comprendre un tel geste ? Quelle force de caractère faut-il pour qu'une femme abandonne une vie de mère, une vie d'épouse, une vie de générosité (elle est pédiatre) ? Son sacrifice est-il le fruit d'un entêtement ou d'une « persévérance » dans sa foi ? Obstination têtue ou volonté patiente ? C'est chez moi une question récurrente qui ne cesse de m'interroger… À quel moment de notre vie prenons-nous conscience que le chemin choisi n'est pas le bon ou au contraire qu'il est le seul ?

Gianna, dans son choix, fait preuve d'une abnégation totale. C'est un lâcher-prise dans ce qu'il a de plus absolu et pour une raison des plus admirables.

Je sais – mais sait-on vraiment avant d'être face à l'épreuve ? – que je n'aurais pas ce courage épique, je n'aurais pas la force nécessaire d'abandonner une vie agréable où l'amour m'entoure, où les miens ont besoin de moi, un monde où j'ai, peut-être, la faiblesse de penser que je peux être encore utile aux autres.

Le courage de Gianna, c'est un courage qui ne se mesure pas. Une fois sa décision prise, pour elle, la mort est au bout du chemin de façon certaine. Le guerrier, le policier, le pompier qui mettent leur vie en danger, n'ont jamais l'absolue certitude de leur mort, au contraire… Leur bravoure au service des autres leur donne une certaine rage de vivre.

Là, c'est la mort programmée.

Comment et pourquoi se laisse-t-on mourir pour un enfant à naître, un enfant qu'on ne connaît pas ? Abandonner le visible pour l'invisible…

Comment expliquer cet acte d'amour incroyable ?

Au contraire des autres saintes traitées dans cet ouvrage, je n'ai pas de réponse, pas de certitude… et même, j'ai presque honte de me l'avouer, j'ai de l'incompréhension.

Peut-être que la vie de Gianna Beretta Molla va nous aider à mieux comprendre une vie entièrement tournée vers Dieu.

Une vie

Lorsque Gianna Beretta vient au monde le 12 octobre 1922, à Magenta, dans la banlieue de Milan, le leader fasciste Benito Mussolini s'apprête à marcher sur Rome, ce qu'il fait dix-sept jours plus tard à la tête de ses « chemises noires ». Depuis la fin de la guerre et cette « victoire mutilée » par un traité de Versailles désastreux, l'Italie vit une profonde crise sociale.

Dans la famille Beretta qui compte treize enfants, Gianna étant la dixième, on vit surtout sous le regard de Dieu. Alberto, le père, à la figure toute puccinienne, est trésorier d'une société milanaise de cotonnerie et dispose d'un revenu suffisant pour mettre sa famille à l'abri des problèmes d'argent. Cette famille très pieuse ne voit dans la crise que la possibilité d'aider les plus nécessiteux.

> *Notre père nous apprenait à avoir grand soin des personnes âgées, abandonnées ou délaissées.*

Chez les Beretta, le superflu est invisible. Le père travaille, la mère compte, la famille prie. Attachés à la spiritualité franciscaine, ils vivent l'Évangile selon l'esprit et l'exemple de saint François. Chaque jour la messe, chaque jour la prière.

> *S'il restait quelque argent, tous, nous savions très bien qu'il était donné pour aider ceux qui avaient moins que nous. La sobriété et la générosité pour les autres étaient au centre de l'éducation en famille.*

Le maître-mot dans la vie de Gianna, pour comprendre son geste plus tard, c'est « confiance ». La confiance de ses parents, de ses frères et sœurs, la confiance dans l'Église qui l'a éduquée et la confiance absolue en Dieu.

> *On a tous beaucoup reçu de nos parents. Chaque jour de ma vie, je ne cesserai de bénir, de louer et de remercier le Seigneur de m'avoir donné un papa et une maman pareils.*

Comme le dira plus tard le pape Jean-Paul II : « La famille est la première école, l'école fondamentale de la vie sociale. »

Dans cette famille aimante, heureuse et bienheureuse, protectrice et généreuse, mystique et désintéressée, Gianna entend les premiers échos de la sainteté.

À partir de 1925, les Beretta s'installent à Bergame car Milan, en plus d'être touchée par l'épidémie de grippe espagnole, est une ville industrieuse où l'air saturé est mauvais pour la bonne santé des enfants.

Gianna y fait une scolarité assez moyenne, mais jamais les parents Beretta ne minimisent l'éducation et les études de leurs enfants, et tous (sur les treize, cinq meurent) accèdent à de hautes études : quatre médecins, deux ingénieurs, une pharmacienne et une concertiste.

Cependant, au cours des années 30, les Faisceaux de Mussolini voient d'un mauvais œil les actions bienfaitrices des catholiques qui leur font de l'ombre. Les fascistes veulent former la jeunesse, l'endoctriner disent certains, mais aussi avoir le monopole de la bienveillance sociale. Dans ces années de disette, le parti socialiste national se veut seul protecteur du peuple.

Devant les slogans qui goudronnent les murs, comme « Ou avec nous ou contre nous », les enfants Beretta ne cèdent pas. Le « papa » non plus. S'il est d'une chapelle, il n'est pas de celle-là !

Gianna, quant à elle, absorbée par les exigences de sa foi, délaisse ses études. Les témoignages de ses amis d'alors sont tous convergents : un caractère aimable, un visage souriant et un cœur généreux, toujours prête à faire plaisir.

Âme eucharistique par excellence, elle grandit chaque jour dans sa foi qui la prépare sans doute à être cet apôtre lumineux de demain.

Il ne faut pas négliger, chez Gianna, le fait qu'elle soit italienne. N'oublions pas que l'Italie, pays jeune dans sa politique unifiée, est une terre de contrastes où un fascisme grandissant côtoie un communisme virulent… Au milieu, une ferveur catholique cherche à garder sa place et sa force. Depuis 1868, l'Action catholique œuvre à faire connaître et aimer le Christ et à installer au cœur de la société les idées chrétiennes de prière, de partage et de respect d'autrui.

Qui ne se souvient pas du bouillonnant curé Don Camillo (Fernandel) luttant bec et ongles contre Peppone (Gino Cervi), le maire communiste ? Il y a, dans ces comédies des années 50, tout le visage de l'Italie d'alors en proie à la misère et aux luttes politiciennes.

« Actions, prière, sacrifice », c'est la devise de l'Action catholique qui est pleinement vécue par Gianna dès sa douzième année. De cette association, elle est un membre très actif.

En 1937, sa sœur aînée, Amelia, à laquelle elle est très attachée, meurt après des années de maladie et de calvaire. Malgré le chagrin, la famille, abandonnée à la volonté de Dieu, reste sereine, mais décide de déménager à Quinto al Mare, dans la province de Gênes, afin de se rapprocher de l'université des enfants.

Là, sur cette magnifique côte du golfe ligure, lors d'une retraite spirituelle où elle reçoit tellement de grâces, elle prend conscience de ce qu'elle veut pour sa vie et rédige ses onze résolutions. En voici quelques-unes :

– Je prends la résolution de tout faire pour le Seigneur. Toute action, toute difficulté, j'offre tout au Seigneur.

– Pour servir Dieu, je n'irai plus au cinéma sans m'assurer que ce soit un film convenable et non scandaleux ou immoral.
– Je préfère mourir plutôt que de commettre un péché mortel.
– Obéir à la sœur et étudier, même si je n'en ai pas envie, par amour pour Jésus.
– Le chemin de l'humiliation est le plus court chemin pour arriver à la sainteté.

Par certains aspects, on retrouve, là encore, le chemin de sainte Thérèse de Lisieux.

Toutefois, la villégiature génoise ne dure pas. La guerre éclate, l'Italie entre dans le conflit aux côtés de l'Allemagne et déjà les bombes ennemies ciblent les ports. En 1941, la famille revient à Bergame où Gianna termine ses études secondaires. Mais la guerre n'est pas la seule tragédie qui frappe la famille Beretta… À seulement quatre mois d'intervalle, les parents disparaissent. Leur cœur, si généreux pour les autres, n'a pas résisté.

Nos parents ont consommé leur vie pour nous avec tant de bonheur dans la lumière de la foi.

Gianna a 20 ans. Elle obtient son bac, mais elle se projette en religieuse avec le profond désir de devenir missionnaire au Brésil, là où son frère, prêtre capucin, vient de construire un hôpital.

Dans l'attente que la guerre s'achève, elle opte pour des études de médecine, comme ses deux autres frères déjà médecins.

Le roi, Victor Emmanuel, vient de destituer Mussolini, poussant l'Italie à quitter les forces de l'Axe. Le pays est alors envahi par les Allemands.

Les agitations du monde n'empêchent pas Gianna de continuer ses études, tout en s'investissant dans l'Action catholique dont elle devient déléguée des benjamines et des aspirantes.

À cette époque, elle note dans son cahier une réflexion qui fera écho à sa position future :

> *Peut-on tuer une personne en mettant en danger une autre personne ? Non ! Quand le dilemme est entre les deux vies ? Quand deux valeurs sont en contraste, il y a le choix du mieux. Vaut-il mieux que meure l'un des deux ou bien tous les deux ? Tuer l'enfant est-il autorisé pour éviter deux morts ? Le médecin catholique ne peut pas. C'est un péché de tuer dans le sein de sa mère.*

Une conception de la vie qui est sans nul doute difficile à entendre de nos jours, en tout cas à comprendre dans des milieux où la foi n'apparaît que comme une abstraction. Et lorsque Gianna parle de la « gymnastique du sacrifice », d'avoir la force chaque jour de « se taire et de souffrir avec celui qui souffre et lui sourire », nous sommes dans une dimension empathique difficile à atteindre.

Constater la beauté de l'engagement est une chose, s'y soumettre pleinement en est une autre.

En 1949, toutes les années de travail endurées par Gianna sont récompensées avec l'obtention de son diplôme.

Un an plus tard, elle ouvre un cabinet médical dans la région de Milan, à Mesero. Elle travaille encore deux ans à sa spécialisation, la pédiatrie.

Là encore, là toujours, elle est remarquée par son formidable don de soi, son dévouement quotidien envers les enfants les plus démunis, mais aussi leurs mamans, plus à l'aise avec une femme médecin. Sa spécialité ne la détourne pas des personnes âgées, à ses yeux les plus délaissées.

Très vite, la population voit en elle une « sainte femme », comme on dit dans le langage populaire.

Soignant des gens très pauvres, elle leur laissait des médicaments et un peu d'argent.

> *Si j'apporte des soins à un malade qui n'a pas de quoi manger, à quoi servent les médicaments ?*

Elle aide également en gynécologie où elle perçoit au plus près la beauté de l'enfantement, mais aussi les angoisses qu'il peut déclencher.

Combien de femmes, aux portes de l'avortement, aide-t-elle, conseille-t-elle... Elle qui y est farouchement opposée. Cela heurte ses convictions les plus profondes et elle tente toujours d'opposer une alternative sociale autant que morale.

C'est pour nous, femmes contemporaines, une vision sans doute de plus en plus difficile à admettre, mais qui continue néanmoins de poser la question de la vie, du sens de la vie, du droit à la vie, quelles qu'en soient les tragédies. Je ne veux pas fermer mon esprit et j'essaye de comprendre la portée mystique, philosophique et éthique de la décision ultime de Gianna sur son avenir et celui de son enfant.

Quelque temps après son décès en 1962, un témoin envoie une lettre au mari de Gianna :

> *Les gens de Mesero n'oublieront jamais le sourire que votre épouse avait pour tous, sa simplicité, sa bonté qui rayonnait pour tous et en toute circonstance. Ils auront un très beau souvenir, celui d'avoir connu, non pas un médecin quelconque, mais une maman.*

Deux frères médecins missionnaires au Brésil, une sœur religieuse en Inde, tournés vers l'entraide pour la survie des miséreux, donnent à Gianna l'inextinguible envie de partir pour aider. Bien sûr, son rôle est important au dispensaire de Mesero, mais elle sait qu'on pourra la remplacer et pense que son action serait plus nécessaire au Brésil. Cependant, elle va croiser celui qu'elle n'attend pas… Un homme aimable, au sens premier du terme, Pietro Molla, ingénieur, également membre actif de l'Action catholique. C'est un homme d'une grande piété, estimé de tous. Entre 1950 et 1954, le couple se rencontre à de nombreuses reprises et, peu à peu, Pierre tombe sous le charme de Gianna qui ne peut que forcer l'admiration de tous ceux qui la croisent. Étrangement, la jeune femme hésite, tiraillée par son désir d'aller sauver des hommes et des âmes au Brésil et son envie d'avoir des enfants qu'elle destinera à Dieu.

Son confesseur l'exhorte au mariage.

Voilà ce qu'elle répond à la requête de son futur époux :

> *Je voudrais vraiment te rendre heureux et être celle que tu désires : bonne, compréhensive et prête au sacrifice que la vie nous demandera. Je ne t'ai pas encore dit que je suis une créature avide d'affection et très sensible. Tant que j'ai eu mes parents leur amour m'a suffi ; puis, tout en étant très unie au Seigneur et en travaillant pour lui, j'ai senti le besoin d'une mère et je l'ai trouvée en cette chère sœur Marianna. Maintenant tu es là, déjà je t'aime, et je veux me donner à toi pour former une famille chrétienne.*

Ils se marient le 24 septembre 1955.

Je ne sais si leur correspondance a été publiée, mais elle le mériterait, tant leurs confidences épistolaires sont belles, humbles, épurées, élevées, montrant une harmonie de couple exceptionnelle, une foi ardente en la famille, en Dieu, bien sûr, et un but commun : le bonheur des autres.

Pour moi qui ai tellement hésité, dans mon milieu professionnel où les esprits cartésiens règnent en maître, à professer ma foi, à dire que l'invisible me côtoie quotidiennement, que les signes immatériels peuvent se voir quand on y prête attention, je me trouve bien pâle quand je lis l'exposition de cet amour entre Gianna et Pietro. Cette façon merveilleuse qu'ils ont de trouver que leur rencontre tient du miracle au sens littéral du terme, que leur amour a une dimension surnaturelle dont ils ont pleine conscience.

Là encore, comme chez Thérèse ou Edith, rien ne passe par le grandiloquent, l'exceptionnel ou le spectaculaire, mais juste par la beauté des petites choses dans l'ordinaire de la vie.

À présent, pour Gianna, le mariage, la famille chrétienne, sont une mission. Ces deux âmes rencontrées vont œuvrer à leur vocation.

Dans ce couple édifiant, que l'Italie catholique prendra plus tard comme une référence du bonheur et comme un exemple à suivre, c'est paradoxalement la modernité qui apparaît. Pour s'en convaincre, lisons les mots de Pietro au sujet de sa femme :

> *Malgré les obligations de notre famille, tu as voulu continuer ta mission de médecin à Mesero, surtout à cause de l'affection et de la charité qui te liaient aux jeunes mamans, à tes enfants, à tes petits vieux, à tes malades chroniques...*

Nous ne sommes pas là dans l'idée de la femme retranchée au foyer. Ici, point de féminisme. Je n'utiliserais d'ailleurs pas le mot pour qualifier le désir d'indépendance professionnelle de Gianna, il serait incongru et déplacé...

Et je sens déjà sa main bienveillante se poser sur mon épaule pour me remercier de ne pas le faire.

Son désir le plus ardent, pour l'heure, est d'avoir des enfants.

> *Toute vocation est vocation à la maternité : physique, spirituelle, morale, parce que Dieu a mis en nous l'instinct de la vie. Le prêtre est père ; les sœurs sont mères, mères des âmes. Malheureuses les filles qui n'acceptent pas la vocation d'être mère.*

Il n'y a pas de temps à perdre, le couple s'est marié sur le tard et Gianna a déjà 34 ans à la naissance de son premier enfant, Pierluigi (1956) ; suivent Maria Zita l'année suivante et Laura en 1959.

Malgré les difficultés d'organisation liées à leurs occupations professionnelles, Gianna et Pietro s'attellent à la tâche et, là aussi, font preuve d'une certaine modernité :

> *Je ne conçois pas qu'une maman donne une gifle à un enfant. Nous devons réussir à les éduquer par la persuasion et surtout à les éduquer à voir partout un don de Dieu et avoir du respect pour ce don. Il faut leur enseigner à être gentils sans leur crier dessus.*

Pour son travail d'ingénieur, Pietro voyage beaucoup, et les lettres de Gianna sont des trésors d'attention, de bonté, de tendresse, de sagesse également.

Dès l'apparition du troisième enfant, l'envie du quatrième se fait aussitôt ressentir.

À ce moment, la montée du Calvaire commence.

Elle tombe enceinte au mois d'août 1961 et, dès le deuxième mois de sa grossesse, une grosseur apparaît près de l'utérus. C'est un fibrome. Il est bénin, mais il doit être rapidement opéré car il met la mère et l'enfant en danger. Trois solutions s'offrent au médecin :

– Enlever fibrome et utérus pour sauver la mère.

– Export du fibrome seul et avortement provoqué pour donner une chance à la mère d'avoir d'autres enfants par la suite.

– Ablation du fibrome sans interrompre la grossesse avec un risque majeur pour la mère.

En plus d'être une tragédie qui frappe une femme aimante et innocente, se pose à Gianna le redoutable problème du choix. Pourtant, elle n'hésite pas.

> *Qu'on ne se préoccupe pas pour moi, pourvu que tout aille bien pour le bébé. C'est à mon tour d'accomplir mon devoir de mère. Je renouvelle au Seigneur l'offrande de ma vie.*

Gianna se met dans les mains de Dieu, remet son destin à la Providence. Elle vit sept mois de souffrance physique intense et d'inquiétudes quotidiennes, mais elle a foi en l'espérance et garde son sourire. Elle ne se plaint jamais.

Elle arrive à l'hôpital le 20 avril 1962.

Elle se présente de quelques mots déterminés à la sœur infirmière :

> *Me voici, je suis ici pour mourir. Il suffit que tout aille bien pour le bébé. Pour moi, ça ne fait rien.*

L'opération est une réussite pour l'enfant.

Gianna-Emmanuelle est en bonne santé.

Le soir même, l'état de Gianna s'aggrave, les douleurs s'accentuent, sa fièvre est au paroxysme. L'agonie commence. Gianna supplie sa mère, morte vingt ans plus tôt, de venir la chercher de son paradis. Elle souffre trop.

Dans un courage ultime, bien qu'acceptant toute médication susceptible de la sauver, elle refuse les calmants qui lui ôteraient sa conscience et veut pleinement garder toute lucidité pour vivre la souffrance de Jésus. Son amour pour lui sont ses derniers mots.

> *Jésus, je t'aime, Jésus, je t'aime.*

Dans sa dernière nuit, on la ramène chez elle où elle continue de prier intensément pour faire de sa mort le plus beau jour de sa vie.

Le 21 avril, terrassée par une péritonite aiguë, elle rend son dernier soupir, entourée des siens.

Dans les jours qui suivent, Pietro et ses enfants assistent au pèlerinage des gens de la région venus se recueillir devant la dépouille de Gianna. Une véritable dévotion anime amis et inconnus. Les condoléances, les hommages et les remerciements affluent. Le curé de la paroisse voisine dit n'avoir, de sa vie, jamais vu autant d'hommes se confesser avant d'entrer dans la maison des Molla. Procession interminable où chants et prières s'élèvent en une piété commune.

D'elle-même, la manifestation communiste qui doit avoir lieu ce jour-là est ajournée. Les partisans de la faucille et du marteau sont avant tout des pères et des mères de famille, des patients, des voisins, des amis, et la bonté généreuse de Gianna Beretta Molla surclasse dans les cœurs tous les athéismes des plus forts, des agnostiques les mieux déterminés.

« C'est une sainte car elle s'est occupée de tous », entend-on.

L'Église, dans son magistère le plus élevé, s'intéresse au cas de Gianna car les témoignages d'admiration et de grâces rendues en son nom viennent du monde entier.

Au-delà de son geste héroïque, sa vie n'est-elle pas simplement un modèle pour les mères de famille ?

Le pape Paul VI est le premier instigateur de la démarche du procès en béatification. Pendant quarante ans, à travers le monde, elle est saluée et citée en exemple par tous les vicaires du Christ.

En avril 1978, dix-sept évêques et archevêques signent une lettre :

> *Cet exemple de sainteté pour un laïc, vécue dans l'état de mariage comme enseigne le concile de Vatican II, encouragera de nombreux chrétiens à rechercher Dieu*

dans la voie du mariage. [...] Cette grande figure de femme est un modèle de sainteté spécialement pour le monde féminin, jeunes et adultes, puisqu'elle a su concilier ses différents devoirs de vie chrétienne, de vie familiale et de vie professionnelle, comme fiancée, épouse et mère, médecin et apôtre dans l'Action catholique. Engagée pleinement dans sa foi, elle n'a en rien diminué sa mission temporelle d'épouse, de mère et de médecin, mais au contraire sa foi l'a amenée à l'héroïsme de l'amour.

Tout concourt à la canonisation de Gianna mais, comme on l'a vu plus haut, deux miracles sont nécessaires pour clore le procès.

Le premier survient en 1977 au Brésil, dans la ville de Grajaù. Devant le lit d'une femme mourante, les infirmières se mettent à prier Gianna Beretta, lui demandant la guérison de leur patiente. Dans l'heure, elle est sauvée, sans aucune séquelle. Les médecins eux-mêmes parlent d'un miracle.

Gianna est béatifiée le 24 avril 1994, année internationale de la famille.

En novembre 1999, le second miracle, celui qui lui vaut sa canonisation, se produit une fois de plus au Brésil, pour une future mère, Elisabete Comparini Arcolino. Après sept semaines de gestation, la membrane amniotique se rompt. Le bébé n'a presque plus de pouls. La jeune femme est à l'agonie. À la demande du mari, l'évêque Diogène Silva Matthes vient au chevet de la mourante et, dans un dernier recours, demande l'intercession de Gianna pour sauver la mère et l'enfant. La jeune femme se met à prier sur l'image de la bienheureuse. La maman ramènera son enfant à la maison. Miracle !

Le 16 mai 2004, la bienheureuse Gianna Beretta Molla est canonisée par le pape Jean-Paul II. C'est la dernière sainte sous son pontificat.

Comme Thérèse, comme Jeanne, Gianna, avant que son drame personnel n'en fît une victime, fut une guerrière de la foi. Elle fut une ardente défenseuse de l'Église, des prêtres, du pape et de toutes les institutions religieuses, propres à écarter le règne du mal, de la misère et de la guerre. Mais elle est également une femme résolument moderne et émancipée dans le contexte des années 50. Car au-delà de son exemple christique, comme ce fut le cas d'Edith Stein, son mode de vie est un exemple pour les femmes contemporaines.

> *Il n'y a pas de doute que l'égalité de dignité et de responsabilité entre l'homme et la femme justifie pleinement l'accession de la femme aux fonctions publiques. Par ailleurs, la vraie promotion de la femme exige que soit clairement reconnue la valeur de son rôle maternel et familial face à toutes les autres fonctions publiques et à toutes les autres professions.*

Quand je pense à Gianna, cette magnifique Jeanne italienne, je sens toujours en moi une sorte de trouble et d'incompréhension. Hormis le courage inouï nécessaire à un tel sacrifice et après avoir écarté la notion d'une foi si intense, il reste la vie d'une mère et d'une épouse, une mère pleine d'amour et de joie. Comment une femme peut-elle choisir d'abandonner ses trois enfants et se sacrifier pour la vie d'un quatrième qu'elle ne connaît pas ? C'est une terrible question qui m'étreint car, moi qui ai la foi et qui aime charnellement la vie et les amours qui m'entourent, j'aimerais comprendre la nature de cette abnégation. Et je crois m'en approcher quelque peu à la lecture d'un témoignage admirable de Pietro, son époux :

> *Tu savais que la contribution d'une mère à l'éducation, l'instruction et la formation de nos enfants n'avait pas d'égal, mais avec ton humilité et surtout dans la plénitude de ta confiance en la Providence, tu étais persuadée de ne pas commettre un acte injuste envers nos enfants, parce qu'en cette douloureuse circonstance l'être qui avait le plus besoin de toi, de façon indispensable, était l'enfant à naître…*

Quoi que l'on dise ou pense, le geste de Gianna est d'une beauté quasi divine.

On sait combien Gianna a souffert de ce dilemme, mais elle était convaincue qu'en sauvant la vie au lieu de l'étouffer, Dieu ne l'abandonnerait pas dans l'acte de mourir. Ce choix ne peut être ni compris ni accepté sans la foi.

Si je ne devais retenir qu'un mot pour définir Gianna Beretta Molla, hormis ceux évidents d'abnégation, d'empathie, de bienveillance ou de générosité, ce serait le mot « sourire ». Il n'est pas une photo d'elle où elle ne l'offre pas de tout son être. Le sourire, cette politesse du cœur qu'elle résume avec une poésie que l'on aimerait déclamer :

> *Sourire à ses parents, à ses frères et sœurs, parce que nous devons être des flambeaux de joie, même quand ils nous imposent des devoirs qui blessent notre orgueil.*

Sainte Catherine de Sienne (1347-1380)

La contemplation mouvementée

Grâce à sainte Gianna Beretta Molla, nous avons foulé quelques arpents de l'Italie du XXe siècle ; une Italie qui m'est chère puisque ma grand-mère paternelle, Italia Bonesso, était italienne. Cette Italie avec ses beautés et son chaos, ses communistes et ses catholiques, sa modernité et sa tradition, ses affres et ses joies… Terre de contrastes sur laquelle nous allons rester, en faisant un simple petit voyage dans le temps, de six cents ans. De la Ligurie, nous allons descendre vers la Toscane. Je parle à dessein de terre de contrastes car « contraste » est un des premiers mots qui me vient quand j'évoque Catherine de Sienne. Cette femme du XIVe siècle est tout en dualité. Discrète mais apostolique, sage mais courageuse, douce mais forte, femme simple mais génie mystique, théologienne et philosophe, elle fut adulée par ses admirateurs qui la baptisaient la « Mama », tandis que ses détracteurs la traitaient de femme instable.

Les admirations seront à l'aune des inimitiés.

Malgré les nombreuses hagiographies qui lui seront consacrées, jamais femme d'Église ne fut autant controversée, critiquée, conspuée. Elle s'engagea corps et âme dans les affaires politiques de son temps, séculières et religieuses. Elle fut témoin, deux ans avant sa mort, du Grand Schisme qui ébranla l'Église, ces temps fous où pape en Avignon et pape d'obédience romaine s'excommuniaient l'un l'autre au travers de bulles assassines !

Certains l'accusèrent même d'être à l'origine de ce chaos religieux, elle qui ne cessera jamais de défendre l'Église de toutes ses forces…

L'Église n'est rien d'autre que le Christ lui-même.

Elle fut aussi témoin de ces dépravations morales qui secouaient le clergé et qui l'offensaient profondément. Elle qui aidait les pauvres et tous les déshérités du monde, ne pouvait accepter ces dérives si peu vertueuses de certains édiles religieux.

Elle fut tertiaire dominicaine dans l'ordre de la Pénitence et pratiqua un jusqu'au-boutisme religieux allant jusqu'à la mortification de son corps. La tiédeur ne fut pas de son monde et elle vilipenda tout au long de sa courte vie les lâchetés et les âmes hésitantes, tout en offrant sa douceur et ses prières aux plus faibles.

C'est la raison de mon choix de sous-titre, « la contemplation mouvementée », oxymore qui, à mes yeux, reflète parfaitement la personnalité duale de Catherine de Sienne. La réunion parfaite du cœur et de l'esprit. Une fois de plus, nous avons avec elle un parcours de femme exceptionnelle. Apparue dans un monde chaotique où la féodalité est en train de disparaître au profit de la naissance des grandes cités comme Venise, Florence ou Gênes, Catherine fut témoin d'un nouveau monde. En Italie, la guerre était partout et les divisions politiques constantes.

Cette jeune femme – elle meurt à 33 ans – disait recevoir de façon invisible les stigmates de la Passion comme saint François d'Assise avant elle.

Vérité ou affabulation ?

Déjà, la parole des femmes mise en doute !

Petite réflexion anachronique qui peut faire sourire, mais il fallut deux cents ans pour que le pape Urbain VIII en affirme l'authenticité.

Voilà un nouveau parcours de femme qui murmura avec véhémence à l'oreille des grands de ce monde, qui orienta leur réflexion, stigmatisa leurs faiblesses et influença leur politique.

Celle dont Paul VI dit au moment de la consacrer docteur de l'Église, en 1970, qu'elle était par son enseignement ascétique et vigoureux, doux et impétueux, l'incarnation du verbe mystique.

Étoile filante, météorite brûlante, cette femme de 33 ans, immensément politique autant que divinement inspirée, imposa, une fois de plus, la position forte des femmes à travers l'histoire.

Une vie

Catherine Benincasa est née un jour de mars 1347 dans un quartier modeste de Sienne, à Fontebranda. Elle est la vingt-troisième enfant d'une famille de vingt-cinq... Une fratrie qui frôle le record ! Son père, Giacomo, est teinturier. On le dit pieux autant que généreux, au contraire de sa seconde femme, Lapa, au caractère enjouée, hâbleur et plaintif comme une *mama* du sud de l'Italie. Son biographe principal, Raymond de Capoue, qui est également son confesseur, nous parle d'une mère que les mystères de la religion n'effraient pas. Aussi, si la famille est pieuse comme on peut l'être en ces temps-là, la passion extrême que Catherine nourrit pour Dieu est plus le fruit d'une rencontre personnelle que d'une éducation religieuse. Elle confesse à Raymond de Capoue qu'un matin – elle a 6 ans –, en rentrant chez elle avec un de ses frères, elle aperçoit, au-dessus de l'église des Frères prêcheurs, un trône immense « suspendu dans les airs », auréolé d'une vive lumière ; en son cœur, Jésus y est assis, coiffé d'une tiare et vêtu des habits pontificaux. À ses côtés, Catherine y reconnaît les apôtres Pierre, Paul et Jean.

Il n'est pas exclu de penser que le confesseur, emporté par sa plume, a magnifié le témoignage où il décrit une fillette restée extatique au milieu des villageois qui la croisent, le regard ouvert au ciel. Son frère la secoue pour la faire revenir à la réalité.

> *Si tu voyais ce que je vois, pour tout l'or du monde, tu ne m'arracherais pas si méchamment à cette vision si belle.*

Quoi qu'il en soit, apparition ou intuition, de ce jour, Catherine se sent investie d'un feu divin. Quelles que soient les raisons, le miracle, c'est la conversion.

Dès ce jour, elle cherche le don de soi par l'ascèse et la flagellation. Sa très grande maturité est remarquée de tous. À 7 ans, elle fait vœu de chasteté.

> *Seigneur, accorde-moi de prendre pour époux celui que je désire de toutes les forces de mon âme, ton très saint Fils, l'unique Seigneur Jésus Christ. Et je vous promets à lui et à toi, de ne jamais choisir aucun autre époux, et de tout faire pour conserver intacte ma pureté.*

Dans son entourage, malgré une certaine admiration, l'adhésion n'est pas toujours au rendez-vous. On s'effraie plutôt. Son jusqu'au-boutisme prend des proportions inquiétantes. Ses périodes de jeûne sont de plus en plus fréquentes et son goût pour l'érémitisme[1] un peu trop prononcé. On essaye de la raisonner, surtout sa mère, mais le caractère de Catherine est fait de marbre et de feu. Elle découvre par ses lectures l'existence d'Euphrosine d'Alexandrie, une sainte du Ve siècle qui se déguisa en homme pour vivre son ascèse dans un monastère. Catherine a un temps l'idée de suivre son exemple. On l'en dissuade. Parce que Lapa a d'autres ambitions pour cette jeune fille qui passe ses 13 ans, des ambitions de mariage et un mariage autrement moins mystique

1. Mode de vie des ermites.

que celui auquel Catherine s'est secrètement préparée. On la presse d'être moins souillon et plus coquette pour attirer le regard d'un futur époux. Elle plie un instant face aux injonctions familiales… Elle se coiffe, se farde, s'habille, devient coquette, mais cette lumière d'apparat l'assombrit. Elle se tourne alors vers celui qui sera son directeur spirituel, frère Tommaso della Fonte, un jeune dominicain adopté par la famille, et lui confie son vœu de se consacrer à Dieu. Impressionné par la détermination de sa jeune « sœur », il lui conseille de se couper les cheveux en signe de protestation. Ce qu'elle fait, s'attirant aussitôt les foudres de ses parents.

Modernité là encore du génie féminin qui voit le leurre dans l'artifice du maquillage, la représentation du mensonge social. Certains mannequins, aujourd'hui, ne militent-elles pas pour leur droit au naturel afin de refuser le diktat des apparences trompeuses ?

Toujours cette idée qui m'est chère, de chercher la beauté de l'âme avant celle du corps, cette beauté durable et profonde qui ne s'altère pas avec les rigueurs du temps comme peut le faire un visage patiné ou une courbe fatiguée.

Catherine de Sienne parle de « crise de vanité ».

Après cet affront parental, elle perd sa chambre, cet îlot de solitude où elle prie loin du bruit, loin des autres, et on la cantonne, par punition, à des tâches purement ménagères. Elle nourrit dès lors ce qu'elle appelle sa « cellule intérieure », un espace qu'elle hérisse de murs contre l'extérieur, contre tout ce qui pourrait faire barrage à sa vocation. Elle s'évade des mesquineries temporelles qui l'entourent et elle en fait un chemin de vie pour rencontrer Dieu. Comme plus tard sainte Thérèse d'Ávila avec son « château intérieur ». Pour la sainte espagnole, les pièces seront plus vastes, mais les actions pas moins spectaculaires pour l'Italienne, comme on le verra.

Malgré tout, Catherine accepte les brimades et les punitions, comme un moyen de servir Dieu. Elle prie jour et nuit et c'est dans un rêve qu'une main porteuse d'un lys blanc se tend vers elle… C'est celle de Dominique de Guzmán, le fondateur des frères prêcheurs, autrement dit les Dominicains. Il lui offre les habits des sœurs dominicaines de la Pénitence. Le message est clair. Le lendemain, au réveil, Catherine annonce son désir ardent d'entrer au couvent et de donner sa vie à Dieu. Son père cède au désir de sa fille. D'autant qu'il a été témoin de scènes étranges autour de Catherine, comme celle d'une colombe blanche tournoyant au-dessus de sa tête ou de certaines lévitations qu'il n'a pas su interpréter.

À présent les choses sont claires.

Prie beaucoup pour nous, afin que nous puissions être dignes des promesses de ton Époux qui, par sa grâce, t'a choisie depuis tes premières années.

Enfin reconnue dans ses vœux, la jeune fille de 16 ans va multiplier les pénitences pour se rapprocher au maximum de l'idéal de vie qu'elle s'est fixée. Abstinence sévère où l'eau, le pain et les herbes sont ses seules nourritures, au point qu'on parle d'« anorexie sainte ». Elle mortifie aussi son corps plus que de raison, au point qu'on craint qu'elle ne se tue à cette tâche divine. Catherine entre dans de telles transes autodestructrices que Lapa, sa mère, y voit l'intervention du diable... Sa fille ne serait-elle pas possédée ?

Je sais certaines de mes amies aux esprits modernes et cartésiens qui ne verraient dans ces manifestations d'antan qu'une folie psychiatrique, mais on ne peut pas comprendre Catherine de Sienne si l'on gomme de sa vie cette part d'invisible qui l'entoure et la définit, si l'on n'admet pas sa communication constante avec l'au-delà... Au risque de laisser la raison aux médecins positivistes du XIXe siècle qui débattaient de l'hystérie des femmes.

Cependant, inquiète de la santé physique et mentale de sa fille, Lapa la convainc de faire une cure à Vignone, une petite bourgade du val d'Orcia réputée pour ses thermes. Catherine consent, mais elle est atterrée par ce qu'elle y voit. L'endroit est une station balnéaire où l'on vient de toute l'Italie pour se soigner mais aussi pour se divertir... Le divertissement dont elle a une « sainte » horreur. Elle y est témoin de l'Homme lourd, pesant, ridicule dans son aveuglement, dans son désir d'échapper au sens profond de l'être humain.

Pour lutter contre ces « dangers temporels », elle se jette dans les eaux bouillantes, s'immole presque dans un feu qu'elle souhaite purificateur.

En rentrant de cette cure, une première tentative est faite pour intégrer le tiers ordre de la Pénitence. Il est tenu par ce qu'on appelle les *Mantellate*, exclusivement des veuves qui se consacrent aux œuvres de charité, qui apaisent les douleurs des prisonniers, des malades ou des déshérités. Ces saintes femmes ne vivent pas en communauté dans un couvent, mais chez elles. Même si elles s'y prêtent, elles n'ont pas prononcé les trois vœux des ordres religieux : chasteté, obéissance, pauvreté, d'où leur nom de « tertiaires ».

Dans un premier temps, elles refusent l'accès à Catherine, la trouvant trop jeune, trop belle, trop exaltée dans ses ardeurs…

Conséquence… la jeune fille tombe très malade. Déjà affaiblie par ses pénitences et jeûnes incessants, elle est frappée par une terrible fièvre et son beau visage se couvre de pustules. On s'inquiète, car on n'a pas oublié les ravages de la peste noire dix ans plus tôt, cette épidémie monstrueuse qui a décimé un tiers de l'Europe.

> *Très chère mère, si vous voulez que je guérisse et que je me porte bien, faites que s'accomplisse mon désir de recevoir l'habit des sœurs de la Pénitence de saint Dominique…*

Lapa n'hésite plus et se précipite chez les sœurs, le cœur meurtri dans la crainte de voir « passer » sa fille.

Les veuves pénitentes sont touchées par la détermination et la grâce de la jeune fille, et au début de cette année 1375, Catherine, qui frôle 18 ans, revêt la chasuble blanche, symbole de pureté, et le grand manteau noir, symbole d'humilité.

« Envelopper l'âme pour l'affection de la vertu. »

Les années qui vont suivre sont celles de la solitude et du mutisme, de l'effacement extérieur au profit de la prière et de la méditation. Malgré la puissance de sa foi, comme toutes les saintes, elle a ses périodes de doute. Comment savoir si les grâces qu'elle reçoit ne sont pas des pièges du Malin ? Ses visions, ses apparitions, sont-elles réellement de son Maître ? N'est-elle pas abusée par quelque force maléfique ? La réponse, elle l'obtient de Jésus lui-même.

> *Les apparitions divines peuvent faire peur et apporter une sorte d'amertume, qui se change peu à peu en douceur, en lumière puis rassurent, au lieu que la vision de l'ennemi, vraisemblable et attrayante, se transforme en chagrin et en danger. En t'examinant toi-même avec soin, tu pourras reconnaître d'où vient ta vision, de la vérité ou bien du mensonge, car la vérité rend l'âme humble et le mensonge la rend orgueilleuse.*

Intervient alors un moment clef de la vie de Catherine, ce qu'elle appelle son « mariage mystique ». Dieu lui apparaît et lui remet un anneau qu'elle dit ressentir en permanence à son doigt. Elle est la seule à le voir.

Il ne faut pas penser que la crédulité est la faiblesse des gens de cette époque. Au contraire, on doute, on questionne, on se moque souvent, on méprise parfois, face à ces excès d'extase ; elle est même calomniée, traitée des pires maux, mais Catherine ne dévie pas de son chemin. D'autant qu'après ce « mariage mystique », son attitude change. Elle sort, va au contact des malades dont certains sont sauvés miraculeusement. Les moqueries s'atténuent peu à peu tant son rayonnement est puissant.

Je ne suis pas historienne et verse peu dans la chose, mais on ne peut pas évoquer Catherine de Sienne sans revenir sur la période historique qui la voit naître, grandir, et qui est trouble au plus haut point. La peste noire s'est abattue sur l'Europe en 1347 où elle fit vingt-cinq millions de morts, soit plus d'un tiers de la population d'alors. Ce fléau eut d'immenses conséquences sociales, économiques et politiques. La France est engluée dans une guerre de Cent Ans où les féodalités se transforment en États plus centralisés.

Le Moyen Âge mute et, par certains aspects, l'Église y perd de son pouvoir… Des nouvelles luttes apparaissent, notamment celle qui va opposer le pouvoir séculier au pouvoir religieux que l'histoire nomme « la querelle des Investitures ». Qui, entre le pape et les souverains laïcs, a le pouvoir de nommer les évêques et les abbés ?

Sans entrer dans des détails historiques fastidieux, il suffit de savoir qu'il s'agit au départ d'une querelle d'empereurs du Saint-Empire romain. L'un se met sous la protection du pape, l'autre non. Apparaît alors dans le nord de l'Italie, la fameuse guerre des Guelfes et des Gibelins, noms étonnants qui nous semblent sortir tout droit d'un livre d'Harry Potter ou du *Seigneur des anneaux*! Les Gibelins soutiennent l'empereur de la dynastie Hohenstaufen, le célèbre Frédéric Barberousse, et les Guelfes, le pape.

En France, le dernier conflit qui oppose le roi Philippe le Bel et le pape Boniface VIII aboutit à l'installation de la papauté en Avignon, de 1309 à 1378… deux ans avant la mort de Catherine. La chose est d'importance.

La renommée de la jeune femme grandit. Elle est à présent visitée par ses pairs. Frères dominicains et franciscains viennent la consulter. Ses actions et miracles ont largement dépassé les « frontières » de la Toscane. Elle est entourée d'une petite cour de *mantellate*, qu'on appelle bientôt les *catarinati*. C'est une véritable petite famille dont elle est la *mamma*… S'y agrègent des fils spirituels et des disciples.

Catherine est alors témoin d'une époque très violente où les conflits d'intérêts baignent dans le sang des opposants, qu'ils proviennent du peuple ou de l'aristocratie. Crimes et condamnations à mort se succèdent.

Cette contemplative, faite de feu, ne peut pas rester enfermée dans sa « cellule intérieure », d'autant que son Seigneur lui parle…

> *Ton cœur va s'enflammer si fort pour le salut de ton prochain que, oubliant ton sexe, tu vas changer le mode de vie que tu as mené jusqu'ici, tu cesseras de fuir, selon ton habitude, la compagnie des hommes et des femmes et, pour le salut de leur âme, tu te mettras à l'œuvre à la mesure de tes forces.*

Toutes ses conversations avec Dieu sont retranscrites dans son livre *Le Dialogue*.

Dans ce livre du *Dialogue*, elle y développe le « don des larmes » où elle met en lumière leur valeur spirituelle et où elle distingue les larmes dues à l'attachement matériel qui n'ont pour elle pas d'intérêt et celles données par l'amour et la vertu.

Voilà une belle réflexion pour pleurer à bon escient avec l'idée d'offrir ses larmes à plus triste que soi.

Pour l'heure, les supputations d'imposture courent toujours et malgré le nombre de ses admirateurs grandissant, les théologiens s'interrogent sur la nature réelle de ses visions et apparitions. Les faux miracles abondent, hier comme aujourd'hui, les faiseurs de rêve sont légion et les actes surnaturels jaillissent comme les champignons après la pluie. L'Église est prudente et ne valide les grâces de Dieu qu'après de sérieuses enquêtes.

Néanmoins les actions de Catherine sont arrivées jusqu'aux oreilles du pape Grégoire XI qui, désireux de retrouver le Saint-Siège romain au plus vite, aimerait entendre son conseil, car le Saint-Père a entendu dire qu'elle « militait » ardemment pour le retour de la papauté à Rome.

En 1374, l'année où meurt le poète italien Pétrarque, Catherine est sommée de se rendre à Florence pour passer devant le chapitre des Dominicains afin de répondre à un interrogatoire serré. Très vite l'enquête lui est favorable, on lui attribue cependant une sorte de directeur de conscience pour la guider. Il s'agit du bienheureux Raymond de Capoue, qui devient son confesseur et plus tard son biographe.

À présent, le grand monde l'attend.

Mais lorsqu'elle rentre à Sienne, une autre épreuve l'attend… Le retour de la peste. Ravage terrible qui n'épargne personne.

Raymond de Capoue témoigne de l'incroyable courage et abnégation de Catherine qui ne craint pas d'assister les pestiférés que nul n'ose plus approcher. Lui-même, touché par la pestilence, dit avoir été sauvé par une extase de sa protégée, ainsi que beaucoup d'autres.

Son confesseur est également témoin lorsque Catherine reçoit les stigmates du Christ. Comme elle l'a demandé dans ses prières, ils sont invisibles, mais elle les sent dans sa chair jusqu'à sa mort.

Ses extases sont nombreuses, mais elles n'empêchent pas son action politique qui s'intensifie. Elle prend de plus en plus fait et cause pour le retour du pape à Rome.

En juin 1376 – Catherine a 29 ans –, une véritable délégation de *Catarinati*, accompagnée de Raymond de Capoue, entre dans la ville d'Avignon. Catherine est reçue par le pape. Elle l'exhorte, bien sûr, à revenir à Rome, contre la position des cardinaux qui veulent rester en France, mais elle insiste aussi sur la nécessité urgente de lancer une nouvelle croisade car les Turcs menacent d'envahir l'Europe.

> *N'est-ce pas une honte pour les chrétiens de leur laisser posséder ce saint et vénérable lieu qui nous appartient à tant de titres ? Il ne faut plus le souffrir, mais comme*

des fils affamés de l'honneur de leur père, vous devez vous lever et reprendre notre bien pour le salut de leur âme et l'exaltation de la sainte Église.

Cette lettre, aux accents guerriers, ne s'adresse pas à un empereur, à un pape, ni même à un *condottiere* en mal de conquête, mais à la reine Élisabeth de Hongrie, ancienne régente de Pologne qui, elle aussi, soutient le retour de la papauté dans la ville de saint Pierre et prône la croisade. Quelques semaines plus tard, à Pise, Catherine de Sienne reçoit-elle un roi ou un chef de guerre pour parler de rallumer la flamme d'une nouvelle expédition à Jérusalem[2] ? Non, mais la reine de Chypre ! Que de femmes puissantes et volontaires dans ce monde d'hommes !

Mais il ne faut jamais imaginer Catherine exultant, fulminant, haranguant, comme le ferait un animal purement politique et guerrier, car son génie est d'ordre spirituel et seul l'amour l'inspire. Elle incarne cette dualité que j'aime tant d'une femme forte, décidée, mais douce et réconfortante en même temps. Jamais elle ne perd les qualités du cœur aux moments les plus politiques de son action.

Peut-être que ses hagiographes ont exagéré son rôle, mais on lui doit sans doute le retour du Saint-Père à Rome. Retour qui se passe difficilement d'abord par l'attitude de la ville de Florence, très hostile au pape. Ce dernier

---

2. La dernière croisade, la neuvième, date de 1271-1272 et a été entreprise par Edouard d'Angleterre après la mort de Saint Louis. Mais là encore, les territoires échappent aux chrétiens.

y envoie Catherine en ambassadrice... Les négociations semblent d'abord fructueuses, mais le pape meurt d'une crise de gravelle, laissant la place à Urbain VI. Tout est à refaire. Catherine exhorte Florence à la paix qui est finalement signée le 28 juillet 1378, soldant ce que l'histoire appelle « la guerre des Huit Saints[3] ».

Accalmie politique qui lui permet de dicter ses transes, elle qui ne sait pas écrire, et de constituer son ouvrage majeur, *Le Dialogue*. La richesse théologique de ses conversations avec Dieu est reconnue par l'Église et fait de Catherine un de ses plus éminents docteurs.

À de nombreuses reprises dans ses entretiens avec le pape, elle parle d'hérésie, de la crainte de l'hérésie. C'est l'autre nom qu'elle donne au schisme.

Catherine visionnaire.

L'élection d'Urbain VI à Rome signe le Grand Schisme d'Occident. Cet Italien qui se révèle opiniâtre et despotique veut soustraire l'Église à la tutelle des États contre l'avis des cardinaux français qui de leur côté élisent le cardinal Robert de Genève qui devient Clément VII.

Commence alors la parade des excommunications réciproques.

Catherine de Sienne soutient, bien sûr, la branche italienne et Urbain VI voit d'un très bon œil la « croisade de prière » qu'elle entreprend activement.

---

3. Il s'agit d'une commission de huit prêtres, créée par la République de Florence, chargée de taxer le clergé pour acheter la neutralité du *condottiere*, John Hawkwood.

Elle bat le rappel auprès des cardinaux, des ermites et toutes les bonnes consciences chrétiennes qui peuvent faire corps autour du pape.

Mais toutes ces actions courageuses et temporelles ne doivent pas faire oublier ce que, elle, Catherine, n'oublie pas, à savoir ses pénitences, ses mortifications, son abstinence implacable, autant de dons qu'elle donne à son Seigneur depuis si longtemps et qui chaque jour l'épuisent un peu plus. Déjà, en ce début d'année 1380, elle fait ses adieux à son confesseur, Raymond de Capoue qui va, à la demande du pape, en mission près du roi de France, Charles V, afin de renouer la confiance.

Elle sait qu'elle ne le reverra pas.

Malgré son conseil, Catherine refuse de mieux s'alimenter. Souffre-t-elle de ce qu'on appellerait aujourd'hui l'anorexie ? Toujours est-il que son état se dégrade très vite, au point qu'elle perd l'usage de ses jambes ; même l'air qu'elle respire est une torture pour ses poumons. Mais la détresse physique n'est pas la seule raison de son affaiblissement. Elle a conscience que tout ce qui l'entoure n'est que de l'argile sur du sable. L'Église qui brûle de l'intérieur, l'Europe divisée en luttes fratricides et Urbain VI dont l'autoritarisme n'est qu'orgueil…

> *Toi, Père miséricordieux, tu m'avais promis que grâce aux douleurs que je supporterais tu ferais miséricorde au monde et tu réformerais ton épouse, mais moi, misérable, je n'ai jamais répondu à ton désir et j'ai dormi dans le lit de la négligence. Voilà pourquoi*

> *tant de maux et tant de ruines se sont abattus sur ton Église. Las, misérable que je suis!*

La pauvre Catherine est écrasée par la désolation du monde. Percluse de douleur, elle s'éteint à Rome le 29 avril 1380, le jour de la Saint-Pierre.

Comme je le disais en introduction, nous avons avec Catherine de Sienne, le jeu parfait de la dualité. Cette femme puissante par sa spiritualité révélée, tout en prodiguant des soins au malade, en soutenant les miséreux, les pécheurs pauvres ou riches, en recommandant par la prière permanente les âmes perdues au ciel, elle s'autorise des bravoures étonnantes… par bravade ? par naïveté ? par orgueil ? N'est-ce pas elle qui se permet ces mots terribles au prince de la chrétienté, Grégoire XI, au sujet des errances au sein même de l'Église ? :

> *Mon révérend père, je vous conjure de la part de Jésus crucifié, de n'être pas un enfant timide, mais un homme courageux ; ouvrez la bouche et prenez ce qui est amer pour ce qui est doux ; il ne convient pas à Votre Sainteté de renoncer au lait à cause de l'amertume.*

L'homme d'Église, même à la place de saint Pierre, n'est pas exempt de vanité, de fierté, et de telles admonestations ne peuvent que l'agacer.

Jamais Catherine, fragile corps à l'âme puissante, ne plie devant la force des autorités. Elle montre bien la place prépondérante des femmes en toutes circonstances.

On pourrait arguer qu'elle est un cas unique, mais non ! Hildegarde von Bingen, Béatrice de Nazareth, Mechtilde de Magdebourg, Angèle de Foligno, Hadewijch d'Anvers, Margery Kempe, ou encore Marguerite Porete et Claire de Montefalco… Le Moyen Âge recèle de trésors féminins aux positions assurées et aux paroles courageuses. Certes, des religieuses, mais le monde de cette époque *est* religieux ! Il est soumis aux règles de l'Église et tous les cœurs des Hommes battent au rythme de son pouls.

Sainte Teresa de Calcutta (1910-1997)

Missionnaire de la charité

« *J'avais faim et vous m'avez donné à manger.*
J'avais soif et vous m'avez donné à boire.
J'étais étranger et vous m'avez accueilli.
J'étais nu et vous m'avez vêtu.
J'étais en prison et vous m'avez visité.
Tout ce que vous avez fait au plus petit,
c'est à moi que vous l'avez fait. »
Évangile selon saint Matthieu

Le soir du 5 septembre 1997, l'ensemble des médias du monde entier annonce la mort d'un personnage éminemment médiatique… Dans le bon sens du terme. L'émotion n'épargne aucun pays. Une sainte vient de mourir là-bas, dans son pays d'adoption, en Inde, à Calcutta. On pleure dans les bidonvilles, mais aussi dans les antichambres du pouvoir.

Bien sûr, je ne pouvais pas aborder le sujet des saintes sans parler de Mère Teresa de Calcutta, la figure la plus contemporaine de celles abordées jusqu'à présent, cette mère courage, mère des déshérités du monde, des sans-grade, des oubliés, mère de tous, exemple même de la miséricorde sans limite.

Pour une fois ce n'est pas une sœur dont il s'agit, mais d'une mère et c'est un peu comme cela que je reçois son héritage.

En 2020, j'ai sorti un album intitulé *Croire*, creusant le sillon où je me sens la plus sincère, où je chante au mieux mon âme, ma foi et tout ce en quoi je crois. Thérèse puis Jeanne m'avaient ouvert un chemin lumineux où se mêlaient le *combat* pour ce que l'on croit et *l'amour* pour ceux que l'on aime. Cet album que je voyais d'abord comme un hommage à la Vierge Marie est devenu peu à peu l'album des mères, donc des femmes. Un hommage vibrant à toutes celles qui ont la force de croire et d'aimer avec un cœur de mère, biologique ou non… Un peu comme le fit Mère Teresa dans sa mission de charité, à Calcutta.

> *On ne peut pas faire de grandes choses, rien que des petites avec un immense amour.*

Quand Teresa parle ainsi, ne pense-t-on pas à la « petite voie » de Thérèse ou au merveilleux du quotidien chez Edith Stein ?

Chanter de fragiles choses, mais avec amour, c'est ce que je m'évertue à faire.

> *Plonge dans le regard de l'autre*
> *Épanche les larmes qu'il a en trop*

Pour lui offrir la chance de voir l'avenir
Défonce à coups de bons sentiments
Les ronces, les aléas, les manques
Offre-lui toute l'importance
D'une éclaircie...

Ces quelques mots de Jérôme Brûlant et Théo Grasset, de la chanson « Nous sommes », sont un hommage aux femmes, aux hommes et aux associations qui se battent chaque jour pour que les plus faibles puissent vivre dignement à l'abri du froid, de la faim, mais aussi des préjugés.

J'ai soutenu, travaillé et chanté pour l'association des Petits Frères des pauvres. Association magnifique qui vient en aide aux délaissés de plus de 50 ans qui se retrouvent seuls, sans argent, sans famille, souvent sans toit. Leur action est simple : donner à manger aux plus démunis et leur offrir un accès au logement. Mais une chose m'avait émue... C'était cette phrase du fondateur, Armand Marquiset, cette phrase qui rythmait leur quotidien : « Nous leur donnons du pain et des fleurs. » Les fleurs, c'est le symbole du bonheur, c'est-à-dire la beauté éphémère qui meurt et qui renaît, nous rappelant que le cœur se nourrit comme le corps. Il nous disait ainsi que la façon de donner a autant d'importance que ce que l'on donne.

Mère Teresa, mère aimante de tous ses enfants, nous montre par son exemple comment lutter contre la vanité car, pour elle, l'apparence n'est rien, la fonction, pas grand-chose, la réussite, fugace et futile. Juger l'homme à l'aune de ses accomplissements n'apporte rien au cœur profond.

Ce dont chaque être humain a besoin quel que soit le barreau de l'échelle où il se trouve perché, c'est de dignité.

> *L'extrême pauvreté vide progressivement l'homme de son humanité.*

Avoir un toit, pouvoir manger et boire, être en capacité de soigner ses enfants, de rire avec eux des aléas du monde et gagner son droit au bonheur. Ne pas avoir d'échelle, en somme.

Mère Teresa nous dit aussi que la solution à nos maux, à nos doutes, à nos errances, se trouve tout près de nous.

> *Que pouvez-vous faire pour promouvoir la paix dans le monde ? Rentrer chez vous et aimer votre famille !*

N'est-ce pas là la clef du bonheur ?

Comme toutes les grandes saintes avant elle, elle prône la grandeur des petites actions.

J'ajoute que cette « mère du monde » fut, comme Catherine de Sienne en son temps, la proie des mesquineries, des jalousies et des attaques. Un certain nombre de détracteurs ont voulu minimiser l'importance de leurs actions, parlant même de fanatisme. On a vu pour Catherine que ses extases et stigmates en laissaient un grand nombre perplexes, aux portes du doute. Mère Teresa n'a pas été épargnée par la vindicte. Rarement du peuple, mais toujours venant des intellectuels de la raison qui, bien souvent, ne perçoivent pas la dimension du sacré.

On lui a reproché un certain conservatisme religieux, certains sont allés jusqu'à l'imposture. Ici, le sujet n'est pas à la polémique. Il faut accepter que les grandes figures soient la proie des fâcheux. « Les ratés ne vous rateront pas ! », disait Georges Bernanos.

Mère Teresa avait un immense respect de la vie et du sens de la vie et les mots qui brossaient sa philosophie se sont toujours accompagnés d'actions.

La vie est la vie, défends-la.
La vie est une chance, saisis-la.
La vie est un défi, fais-lui face.
La vie est un devoir, accomplis-le.
La vie est un combat, accepte-le.
La vie est une tragédie, prends-la à bras-le-corps.
La vie est beauté, admire-la.
La vie est mystère, perce-le.
La vie est tristesse, surmonte-la.
La vie est une béatitude, savoure-la.
La vie est bonheur, mérite-la.

Une vie

Anjezë Gonxhe Bojaxhiu, ou Agnès, pour franciser celle qui sera un jour Teresa, naît le 26 août 1910, à Skopje, en Macédoine du Nord, au cœur de l'Europe centrale, dans cette région qu'on appellera bientôt la « poudrière des Balkans ». Skopje, autrefois Usküb, n'est qu'à quelques kilomètres de la frontière serbe. C'est de là que la guerre de 14-18 part, après l'assassinat de l'archiduc d'Autriche pendant une visite dans son fief bosniaque.

Agnès naît dans une famille plutôt aisée, son père est entrepreneur. Les convictions religieuses y sont sérieuses et le sens de l'entraide obligatoire. Chez eux, la place du pauvre est toujours dressée en bout de table.

> *Nos parents étaient pleins de joie et d'amour. Ne jamais accepter une bouchée qui ne soit partagée avec d'autres était la philosophie de notre mère.*

C'est une famille très pieuse et la charité chrétienne dans laquelle les enfants sont élevés est un pilier fondamental à la mission qui sera celle de la future Teresa.

Pendant la guerre, les conditions matérielles sont difficiles d'autant que Nikollë, le père, ardent nationaliste, s'investit beaucoup pour la défense de leur communauté. Ses efforts ne sont pas récompensés… En 1919, il revient malade de Belgrade (Serbie) et il meurt très vite après. Son fils Lazare reste persuadé que son père a été empoisonné.

Les sourires s'effacent, la vie devient plus austère, mais la prière reste un rempart solide au désespoir. Pour permettre à ses enfants de poursuivre des études sérieuses, Drana, la maman, ouvre une boutique de couture et de broderie.

Agnès parle de sa rencontre avec Jésus lorsqu'elle avait 5 ans. Elle est véritablement tombée amoureuse de lui, mais comme l'avait fait quelques siècles avant elle Catherine de Sienne, elle garde pour elle son ambition de se donner entièrement à Dieu et se consacre à la communauté.

Très tôt, la jeune Albanaise se passionne pour les récits des missions religieuses à l'étranger. Des missionnaires yougoslaves, encouragés par le pape Pie IX, sont partis pour évangéliser le Bengale, dans une Inde morcelée et colonisée par les Anglais.

Agnès aime la solitude des montagnes où la famille a l'habitude de partir en retraite. Elle y passe de longues journées méditatives et là, à l'âge de 17 ans, elle prend sa décision.

> *J'avais entre les mains un cierge allumé, je priais, je chantais, débordant de joie intérieure. C'est là que j'ai entendu la voix de Dieu qui m'invitait à être toute sienne, en me consacrant à lui et au service de mon prochain. C'est la Vierge Marie qui intercéda pour moi et m'aida à découvrir ma vocation.*

Elle demande alors à sa mère l'autorisation de rejoindre la congrégation des Sœurs de Lorette. Cette dernière hésite et son frère Lazare a une réflexion étrange : « Te rends-tu compte que tu es en train de t'ensevelir pour toujours ? » « Ensevelissement », mot étonnant pour décrire une élévation.

Mais Agnès est déterminée et elle rejoint à Dublin celles qu'on appelle les Dames irlandaises. À 18 ans, elle pose le pied à Rathfarnham en Irlande où elle débute son noviciat. Elle y fait rapidement la preuve de la qualité de sa vocation.

Trois mois plus tard, elle embarque sur un paquebot en direction de Calcutta. Quatre semaines de traversée.

Le bateau aborde Madras, port industrieux qui fait face à la baie du Bengale. Le voyage continue jusqu'au Gange… Et enfin Calcutta.

La découverte de l'Inde est un choc.

Ce n'est plus la pauvreté qu'elle côtoyait dans son pays qu'elle observe, mais la misère, pleine et entière ! Elle est partout, se lit sur les corps squelettiques et les visages émaciés ; partout la pitance est arrachée au prix d'efforts surhumains ; partout les mains se tendent avec des regards fébriles ; les enfants décharnés jouent à côté des cadavres qui meurent de faim et qu'on ne ramasse pas toujours. Les mouches tournoient en ballets macabres au-dessus de cette tragédie sociale.

Agnès, le cœur gros, est touchée au plus profond.

> *Si les gens de nos pays voyaient ces spectacles, ils cesseraient de se plaindre de leurs petits ennuis et remercieraient Dieu d'avoir été si généreux à leur égard.*

Toutefois, elle est quelque peu anesthésiée par l'accueil qu'on lui fait au couvent de *Loretto House*. Cette ancienne maison coloniale est un havre de paix et de silence, une parenthèse dans ce monde indien chaotique. Autour des hauts murs protecteurs, les bidonvilles s'étalent. Cependant, Agnès n'y reste que quelques mois avant de rejoindre la congrégation de Darjeeling dans les contreforts de l'Himalaya.

Dans ces hauteurs, sous le toit du monde, loin de la misère humaine, elle travaille à son diplôme d'enseignante, tout en approfondissant sa formation religieuse, et une fois ses vœux temporaires prononcés, elle prend le nom de Mary Teresa. On comprend qu'elle se place là sous le patronage de Thérèse de Lisieux.

> *Je l'ai choisie parce qu'elle faisait des choses ordinaires avec un amour extraordinaire.*

Cette fois, les « choses » peuvent commencer. Teresa est envoyée dans un petit dispensaire bengali, perdu en pleine jungle. Là, elle va fourbir ses « armes ». Son quotidien consiste à recevoir les malades, aider les infirmières, préparer les médicaments et inculquer aux plus démunis les règles d'hygiène indispensables à leur guérison. Les conditions sont rudes et pour la première fois, elle prend réellement conscience du dénuement dans lequel vivent les paysans. Les fièvres tropicales abondent, les plaies ne cicatrisent pas, les tuberculeux en stade terminal…

Teresa apprend leur langue, les cajole, apaise leur souffrance, devient la mère de beaucoup.

Même si elle semble d'une robustesse à toute épreuve, autour d'elle on craint pour sa santé, aussi la renvoie-t-on à Calcutta où, pendant cinq ans, elle va enseigner dans des classes bondées qui feraient pâlir nos enseignants. Pendant ces années, où elle court d'école en école, elle va se mesurer plus encore à la misère qui gangrène les bidonvilles. Elle s'y arrête, offre son sourire, ses bras, sa compassion… Elle ne possède rien d'autre, mais elle se rend compte qu'une présence bienveillante suffit à donner du courage et de la joie.

> *Moins nous possédons et plus nous pouvons donner. Nous ne saurons jamais tout le bien qu'un simple sourire peut être capable de faire.*

Ses supérieures, pour lesquelles Teresa a un profond respect, voient en elle une femme de responsabilités. Son dynamisme allié à son empathie est idéal pour diriger un établissement scolaire. Elle est alors nommée directrice des études à Sainte-Marie d'Entally. C'est une institution de qualité qui éduque les jeunes Anglaises et Indiennes de la haute société.

Voilà une fonction bureaucratique qui l'éloigne bien vite des bidonvilles et des déshérités du monde. Elle organise, planifie, gère le nid des futures élites.

Les mots de Drana, sa mère, seront durs car, pour elle qui est restée cloîtrée derrière le rideau de fer soviétique, voir sa fille répondre à une sorte de *nomenklatura* administrative n'est pas acceptable. C'est pour les pauvres qu'Agnès est partie à l'autre bout du monde, pas pour les nantis.

Mais dans la soirée du 9 septembre 1946 – Teresa a 36 ans –, elle monte dans un train pour Darjeeling où elle fait une retraite comme chaque année et elle reçoit une grâce. Elle appelle cela « l'appel dans l'appel ».

Soudain, j'entendis avec certitude la voix de Dieu. J'entendis l'appel de tout laisser et de suivre le Christ dans les bidonvilles, au milieu des plus pauvres parmi les pauvres. Je savais que c'était sa volonté et il fallait la faire.

Tandis que le train ahane vers les hauteurs, Teresa entend que Jésus la veut dans les bas-fonds de l'humanité, que sa place s'y trouve pour venir en aide aux miséreux.

C'était comme une vocation dans la vocation.

Mais de cette expérience mystique, elle ne parle pas.

On saura des années plus tard qu'elle a eu la vision d'une communauté tout entière dédiée aux pauvres. Elle rentre à Calcutta où elle reprend ses activités enseignantes. Néanmoins, elle s'en remet à son confesseur, lui demande conseil tout en l'assurant de sa détermination à quitter la congrégation pour monter sa propre communauté, comme le fit en d'autres temps saint François d'Assise.

Ce n'est qu'au début de l'année 1947 que le père Van Exem transmet sa demande à l'archevêque de Calcutta. Celui-ci refuse ce qu'on appelle l'exclaustration[1] – terme un peu barbare.

Il ne faut pas oublier que nous sommes en Inde, en 1947, à la veille de l'indépendance. Depuis quelques années, le Mahatma Gandhi parcourt le pays avec son

1. L'exclaustration est une autorisation accordée à un religieux de vivre à l'extérieur de la communauté pendant un temps défini.

bâton de pèlerin, en proclamant la non-violence en même temps que le retrait des Anglais de son pays. Le temps de la colonisation est révolu, il est à présent nécessaire que l'Inde retrouve son autonomie. Les tensions sont vives et l'archevêque voit d'un œil inquiet une femme blanche, catholique, traîner dans les bidonvilles.

Cependant, dans l'année qui suit, les visions s'intensifient au point que Teresa écrit elle-même à Mgr Perier une belle lettre. En voici quelques extraits :

> *Je me sens appelée à aimer Jésus comme il n'a jamais été aimé auparavant, à tout faire pour lui. Je souhaite devenir moi-même indienne [...] Quelque chose me pousse à tout quitter pour choisir cette vie, avec sa solitude, sa précarité, ses difficultés immenses. [...] J'ai distinctement entendu une voix qui me disait : « Je veux des missionnaires de la charité qui seront un feu d'amour parmi les pauvres, travailleront pour les malades, les mourants, les enfants des rues [...] » D'abord, ces paroles m'ont effrayée, j'ai donc beaucoup prié pour devenir plus sainte encore dans cette voie-là.*

Cette lettre magnifique où l'amour jaillit derrière chaque mot, est hélas concomitante de troubles sociaux de plus en plus graves, car la partition du Pakistan voit déferler des millions de réfugiés hindous et les multiples communautés religieuses ne parviennent plus à cohabiter...

Les massacres s'enchaînent et l'assassinat de Gandhi en est le point culminant.

Finalement, la fameuse exclaustration est acceptée par le pape Pie XII.

C'est bientôt la naissance de Mère Teresa avec son célèbre sari de coton blanc au liseré bleu marial.

Selon une recommandation du Saint-Père, Teresa va d'abord devoir se former auprès des infirmières de Patna pour approfondir les connaissances légères qu'elle a apprises dans la jungle bengalaise. Elle y reste quatre mois avant de se plonger dans le cœur de la misère.

> *Hier est passé. Demain n'est pas encore arrivé. Il ne nous reste qu'aujourd'hui. Commençons.*

Elle parcourt les rues, s'imprègne de l'odeur de la souffrance qui s'accompagne, moins métaphoriquement, de celles des égouts ; elle prend la mesure de la masse qui grouille comme des fourmis désordonnées au bruit des cris des commerçants faméliques, des corbeaux chapardeurs et du tram grinçant.

> *Je marche longtemps jusqu'à en être épuisée. Mes mains et mes jambes tremblent. Je commence à comprendre vraiment la souffrance physique et l'angoisse des pauvres toujours en quête d'un abri, de nourriture, de médicaments.*

Devant elle, ce sont les écuries d'Augias et, malgré sa quarantaine énergique et déterminée, elle n'est pas Hercule, ce « muscle » d'homme, c'est vrai… mais elle sera beaucoup plus !

Elle commence par éduquer les enfants à même la rue, leur apprenant d'abord l'importance de l'hygiène, offrant des savons. Elle ne craint pas de mendier des médicaments dans les pharmacies, elle accompagne les mourants qu'elle découvre parfois au détour d'un dépotoir, tente de les apaiser aux portes de la mort. Peu à peu, son engagement fait des émules et même crée des vocations. Beaucoup viennent pour l'épauler. Heureusement car, comme Thérèse avant elle, et bien d'autres femmes de Jésus, elle traverse le « désert de la foi » ou, comme elle l'écrit dans ses carnets intimes, « une sombre nuit de l'âme ».

> *Je sens en moi une terrible souffrance de son absence, Dieu qui me rejette, Dieu qui ne serait pas Dieu, Dieu qui n'existerait pas…*

Depuis qu'elle a pris la décision de créer sa propre communauté, depuis qu'elle arpente ces rues pleines de tragédie, les visions ont cessé, les voix se sont tues. Mais elle continue dans l'acceptation des souffrances du Christ qu'elle partage.

J'aime cette force d'âme qui émane de Mère Teresa qui dans l'adversité ne flanche pas, ne plie pas, et y voit même un sens supplémentaire à son action. Elle est exemplaire au sens premier du terme. Sa force et sa conviction surpassent ses doutes passagers. Nous avons tous à un moment de notre vie des instants d'égarement où les évidences ne semblent plus nous apparaître... Teresa nous apprend à rester sur le chemin, quoi qu'il en coûte, et à faire confiance à la prière.

À présent, une dizaine de jeunes femmes font le choix de la suivre dans son sacerdoce et il est temps de concrétiser ce qu'elle a vu dans son cœur des années plus tôt, cette nouvelle communauté... L'Église lui octroie une année supplémentaire d'exclaustration (je ne m'y fais pas), mais elle doit écrire la règle de cette communauté à naître. Cela lui prend une nuit pour donner vie aux Missionnaires de la Charité.

Le 7 octobre 1950, l'archevêque de Calcutta, Ferdinand Perier reconnaît cette nouvelle congrégation religieuse. Cette reconnaissance est accompagnée d'un geste fort : l'archevêché achète au nom de ces nouvelles missionnaires, une maison qui accueille au fil des ans des milliers de pensionnaires. Au cœur du bâtiment, dans une cour intérieure, on installe une statue de la Vierge et, dans une pièce dédiée, une grande croix au pied de laquelle sont inscrits ces mots : « J'ai soif ».

> *« J'ai soif » est bien plus profond que Jésus vous disant « Je vous aime ». Tant que vous ne savez pas au plus profond de vous que Jésus a soif de vous, vous ne pouvez pas savoir ce qu'il veut être pour vous. Ou qui il veut que vous soyez pour lui.*

La vie en ces murs est spartiate, tout confort y est absent et la vie monastique régit le quotidien. Chaque matin, toujours par deux, les sœurs s'enfoncent au cœur de la cité pour venir en aide aux désespérés. Elles sont vite identifiables avec leur sari blanc qui symbolise la pureté et les trois bandes bleues symboles de trois vœux : pauvreté, obéissance et chasteté.

En 1953, les Missionnaires de la Charité ajoutent un quatrième vœu, celui de servir les pauvres en renonçant à tout bien matériel.

> *Si vous ne pouvez pas nourrir cent personnes, nourrissez-en au moins une.*

Bien sûr, toutes ces sœurs charitables qui arpentent les rues corrompues de misère, en dispensant un peu de nourriture, des médicaments quand c'est possible et des sourires, donnent l'impression de vouloir vider la mer avec une cuillère. Certains parlent même, au sein de l'Église, de lubie inutile. Qu'importe, pour Mère Teresa, la mission est d'ordre divin. Elle est là pour les pauvres, pour les accompagner dans la vie, mais aussi dans la mort car, pour ajouter à la tragédie de ces vies abandonnées, les hôpitaux n'acceptent pas les mourants qui jonchent les rues de Calcutta. C'est pour cette raison que la sainte mère décide d'ouvrir un mouroir. Mot terrible qui illustre une réalité plus terrible encore. Car dans ce pays, on n'abandonne pas que les vivants, mais aussi les morts.

À sa demande, la mairie lui offre une ancienne auberge désaffectée qui logeait autrefois les pèlerins qui venaient honorer la déesse Khali. Étrange lieu que cette demeure qui n'a pour seule ambition que de donner une dignité au mourant. Sur son frontispice, il est écrit « Maison au cœur pur ». Ici, on ne soigne pas, on prie et on donne ce qu'on peut d'amour.

> *Jésus veut rassasier sa propre faim de notre amour en se cachant derrière les traits de l'affamé, du lépreux, du mourant abandonné. C'est pourquoi nous ne sommes pas des assistantes sociales mais des contemplatives au cœur même du monde. Nos vies sont consacrées à l'eucharistie par le contact avec le Christ, caché sous les espèces du pain et du corps souffrant des pauvres.*

On lui reproche de ne pas avoir fait plus et sa théorie sur la souffrance fait couler beaucoup d'encre. Je suis moi-même perplexe, mais on ne peut pas oublier que les sœurs ramassent sur leur dos de pauvres hères qu'on laisse mourir en pleine rue.

On peut également trouver une réponse dans une pensée de sa grande amie, qu'elle considère comme son *alter ego*, sa sœur spirituelle, Jacqueline de Decker, une Belge laïque, avec qui elle crée une association coopérant avec les Missionnaires de la Charité, « les coopérateurs souffrants ». Cette dernière tombe gravement malade et regagne la Belgique d'où elle entretient, sur son lit de souffrance, une correspondance soutenue avec Teresa.

> *La souffrance en elle-même constitue un échec et ne construit rien. Elle est destructrice. Mais unie à la passion du Christ, elle devient un don précieux. Je ne cherche pas d'explication à ma souffrance, je lui ai trouvé un sens.*

Et la réponse de sa « sœur » :

> *En te liant spirituellement à nos efforts, tu participeras par l'offrande de tes souffrances et ta prière à notre travail dans les bidonvilles. Notre tâche est gigantesque et j'ai besoin de beaucoup d'ouvriers. Mais j'ai besoin aussi d'âmes comme la tienne qui souffrent et prient pour le succès de notre entreprise. Veux-tu accepter d'offrir tes souffrances à tes sœurs d'ici pour leur donner chaque jour la force d'accomplir leur œuvre de miséricorde ? »*

Peut-être arrive-t-on à mieux percevoir l'état d'esprit qui les anime et qui ne peut se contenter que de l'aspect purement médical… *C'est une véritable centrale d'énergie spirituelle.*

Voilà pour poser un bémol chez les détracteurs virulents.

Mais le temps des critiques n'est pas encore venu. Pour l'heure, Mère Teresa doit s'occuper des enfants abandonnés livrés au désespoir de la rue. C'est l'occasion pour elle de créer un orphelinat à Shishu Bhavan grâce auquel elle permet de faire adopter des milliers d'enfants voués à l'ordure et à la mort. Plus tard, quand son rayonnement deviendra international, on l'accusera alors de favoriser le trafic d'enfants. Comme on le voit, la misère humaine n'est pas toujours matérielle, elle est parfois morale. Mais dans un monde en plein bouleversement social, un monde où les mœurs s'émancipent, ses positions contre la contraception et l'avortement sont de plus en plus mal vues et seront toujours un terrain fertile pour la critique. Son célèbre « Si vous n'en voulez pas, donnez-les-moi ! » fait bondir les consciences du progrès social.

Hélas, en Inde, au cours des années 50, ce ne sont pas les consciences libératrices et féministes qui s'occupent des lépreux ! Ces lépreux qui sont des millions dans le pays et plus de cinquante mille dans la seule ville de Calcutta et dont personne ne veut s'occuper. Ouvrir un dispensaire qui leur serait dédié, voilà l'idée qui germe dans l'esprit de Teresa. Mais la réalisation d'un tel projet au pays des « intouchables » se révèle impossible, alors les missionnaires de la Charité vont « à domicile », c'est-à-dire dans la rue avec des petites ambulances, sortes de dispensaires mobiles et soulagent les oubliés. Elles font le maximum avec un minimum de moyens.

En 1964, il se passe un événement remarquable : la visite de Paul VI en Inde. C'est la première fois qu'un pape met les pieds sur la péninsule indienne. Celui-ci est équipé d'une belle limousine flambant neuve que les catholiques américains lui ont offerte. Drôle de présent pour le chantre de la primauté de l'esprit sur la matière ! Paul VI, ne sachant pas trop que faire d'un tel don, a le geste approprié… Il l'offre à Mère Teresa qu'il admire profondément. C'est un peu la « patate chaude ». À son tour, Teresa est bien ennuyée car elle et ses sœurs ont fait vœu d'extrême dénuement pour être en phase avec leurs milliers de protégés.

> *Notre pauvreté rigoureuse est notre sauvegarde ; nous ne voulons pas comme d'autres ordres religieux l'ont fait dans leur temps, commencer par servir les pauvres pour en venir insensiblement à servir les riches. Pour comprendre et aider ceux qui manquent de tout, nous devons vivre comme eux.*

Transformer une large *Lincoln* blanche en ambulance lui paraît quelque peu outrancier même si l'objectif reste noble. Mais une idée géniale lui vient : elle organise une loterie pour faire gagner la voiture. Une idée qui rapporte cinq fois le prix de la « belle américaine ».

Avec l'argent récolté, elle fonde une ville !

Shanti Nagar est « la ville de la paix », un lieu de vie entièrement dédié aux lépreux. Ils y ont leurs maisons, leur école, des centres de formation, des hôpitaux, des entreprises, des champs cultivables, tout ce qui peut leur permettre de vivre décemment, loin des préjugés et des affaires de caste. Des centaines de lieux similaires sont bâtis à travers le monde.

Comment ne pas se sentir petit devant une telle énergie dépensée au service de l'autre ? Les petites choses du quotidien prônées par Thérèse ou Edith Stein deviennent, avec Mère Teresa, de véritables exploits au service du bien. Voyez comme ces écuries d'Augias que nettoya Hercule dans la mythologie grecque sont bien peu de chose en comparaison des trésors d'humanité que cette femme a apportés ! Ce fleuve Alphée que détourna le colosse est un bien maigre ru à côté de ce raz-de-marée de compassion.

Pourtant, l'humilité reste au cœur de l'action.

> *La vraie sainteté, c'est faire la volonté de Dieu avec le sourire ! La bonté doit apparaître sur vos visages, dans votre sourire, dans la cordialité de votre bonjour. Vous devez toujours offrir un sourire joyeux aux enfants, aux pauvres. Vous ne devez pas seulement les soigner, vous devez offrir votre cœur.*

Au milieu des années 60, quinze ans après la fondation de sa congrégation, son rayonnement international commence. Dès 1959, les Missionnaires de la Charité se déploient dans toute l'Inde, puis, à la demande de Paul VI, des missions ouvrent en Amérique du Sud, en Afrique noire, puis en Égypte, au Yemen…

En 1968, toujours à l'instigation du Saint-Père, Mère Teresa se rend à Rome où elle découvre, à sa plus grande stupeur, que la misère n'est pas l'apanage des pays dits, en ce temps-là, « sous-développés ». L'Europe n'est pas en reste. Là, au cœur de la capitale catholique, mendiants, drogués, délinquants, chômeurs, traînent leur misère dans les rues de la cité des papes ! Elle n'a de cesse de clamer sa colère pour faire bouger les gouvernements des pays « civilisés », tout en continuant d'ouvrir des maisons pour les pauvres.

En 1969, après un passage remarqué à la BBC, les capitaux affluent, la congrégation des Missionnaires de la Charité devient un véritable trust. Cependant, la règle est toujours d'utiliser l'argent aussitôt perçu, de ne pas thésauriser, de ne pas faire de profit, mais de construire, d'aider, de soigner, de sauver.

Teresa devient « mère sans frontière ».

Son action est reconnue et saluée dans le monde entier. Sa silhouette frêle dans son sari blanc accroche la photo et on la voit bientôt au bras des plus grands chefs d'État. Les prix et les récompenses se multiplient et elle devient le personnage le plus admiré et aimé de la planète.

Celle qu'on appelle bientôt la sainte médiatique use de son charisme (au premier sens du terme) pour récolter des fonds afin de développer à grande échelle ses missions et permettre aux vocations de se réaliser et de continuer son combat contre la pauvreté. Dans ses nombreuses interventions médiatiques, elle n'hésite pas à fustiger le matérialisme galopant de nos temps consuméristes.

> *L'amour naît et vit dans le foyer. L'absence de cet amour dans les familles crée la souffrance et le malheur du monde aujourd'hui. Nous avons tous l'air pressé. Nous courons comme des fous après les progrès matériels ou les richesses. Nous n'avons plus le temps de bien vivre les uns avec les autres : les enfants n'ont plus de temps*

pour les parents, ni les parents pour les enfants, ni pour eux-mêmes. Si bien que c'est de la famille elle-même que provient la rupture de la paix du monde.

Cependant, la chétive et combattante mère s'épuise et elle cumule les ennuis de santé. Elle a toujours la force de voyager, mais à l'été 1997, elle sent le besoin de retourner à Calcutta où elle s'éteint quelques semaines plus tard, terrassée par un cancer de l'estomac.

Elle a 87 ans.

« Il y aura moins de lumière et d'amour sur terre », dit alors le président français Jacques Chirac.

Le gouvernement indien lui organise des funérailles nationales.

Le monde entier appelle à la sainteté de Mère Teresa et l'Église n'hésite pas. Elle est béatifiée en octobre 2003 par Jean-Paul II.

Il a ces mots simples qui résument une vie d'humanité absolue :

Aux blessés de la vie, elle a fait sentir la tendresse de Dieu, Père qui est amoureux de chacune de ses créatures… En suivant l'Évangile, elle est devenue le Bon Samaritain de toute personne rencontrée, de toute existence tourmentée, souffrante et méprisée.

J'aimerais conclure cette petite biographie d'une si grande dame, en vous offrant une de ses prières qui me paraît être écrite bien sûr pour tout le monde, mais tellement pour les artistes… Chaque phrase de cette prière, je l'ai souvent ressentie, dans un monde d'artifices où les *ego* sont aussi nécessaires qu'insupportables, moteurs autant que freins, constructifs autant que destructeurs…

Les gens ne sont pas raisonnables,
Ils sont illogiques et égoïstes,
Aime-les quand même.

Si tu leur fais du bien,
Ils te reprocheront des motifs égoïstes
Et des arrière-pensées,
Fais quand même du bien.

Si tu as du succès,
Tu trouves de faux amis et de vrais ennemis,
Aie quand même du succès.

Le bien que tu fais
Sera oublié demain,
Fais quand même du bien.

L'honnêteté et un esprit ouvert
Te rendent vulnérable,
Sois quand même honnête et ouvert.

Ce que tu as construit pendant des années de travail
Peut être détruit en une nuit,
Construis quand même.

On a vraiment besoin de ton aide,
Mais peut-être les gens t'attaqueront-ils
Si tu les aides,
Aide-les quand même.

Donne au monde ce que tu as de meilleur
Et il va te casser les dents,
Donne quand même au monde ce que tu as de meilleur.

Sainte Teresa d'Ávila (1515-1582)

Le château intérieur ou l'oraison du plus fort

J'ai un peu hésité avant de m'embarquer sur ce gros bateau que représente l'œuvre de sainte Thérèse d'Ávila. Cette femme sainte et reconnue docteur de l'Église est un monument de la chrétienté. Son influence est considérable, son œuvre, magistrale et son intelligence, fulgurante. À l'observation de son travail et de sa vie, on peut se sentir démuni, minuscule, car son cheminement intellectuel est complexe. Mais à la lecture d'une de ses œuvres majeures, *Le Château intérieur* (1577) qui raconte le cheminement de l'âme vers l'extase mystique, j'y ai vu une introduction merveilleuse à l'introspection, au retour sur soi-même, au repli intérieur, non pas pour se refermer, mais au contraire pour s'ouvrir. L'introspection, c'est entrer en soi pour s'observer, s'analyser… Il n'est bien sûr pas ici question de nombrilisme, de regard sur soi, mais *en* soi. De l'importance de mieux se comprendre pour comprendre les autres, de mieux se connaître pour appréhender au mieux autrui. Mais je veux m'éloigner de l'aspect psychologique du terme, souvent décrié, parfois moqué et controversé depuis Descartes, pour m'attarder sur sa dimension spirituelle… Je parle de l'introspection au sens de l'examen de conscience qui est un exercice spirituel. Pour les catholiques, c'est un examen en rapport au péché qu'il soit véniel ou mortel. Il s'agit d'analyser, de comprendre ses actes pour vivre en conscience. Je sais la « modernité » parfois farouche à ces concepts qui requièrent la foi. Mais pour réfléchir de manière plus large, sans trop heurter les consciences, justement, certaines formes de méditations mènent très efficacement à l'introspection. Je pense au yoga que je pratique et enseigne depuis plusieurs années. Le yoga est une philosophie ouverte où toutes les convictions religieuses ou humanistes peuvent se retrouver. Par certains aspects, il peut être considéré comme une aide à la vie chrétienne et à la pratique méditative. Le travail postural peut être envisagé comme une préparation à la prière. Notre être entier – corps et souffle – est alors engagé dans la relation au Christ. J'aimerais en écarter la notion de « new age », car l'Église catholique n'en a pas interdit la pratique. Il ne requiert aucune signification religieuse particulière.

Le but premier du yoga est de se libérer de l'*ego* dans son aspect le plus négatif, donc d'évacuer les certitudes, les apparentes évidences, et de se recentrer sur l'essence de soi. En langue sanskrite, « yoga » signifie « union », union du corps, de l'esprit et de l'âme. Bien pratiqué, il permet d'avoir un corps solide pour méditer de longues heures dans des postures statiques sans souffrir d'inconforts physiques qui gêneraient la méditation… Et la méditation n'est-elle pas une part de la vie chrétienne qui nous invite à grandir spirituellement ?

Pour revenir au *Château intérieur* de Thérèse d'Ávila, c'est un ouvrage mystique de haute tenue considéré comme une des œuvres les plus importantes du monde chrétien. Pour parler à tous dans un langage clair, il convoque des images très évocatrices comme le ver à soie qui devient papillon, puis colombe, tout en se méfiant des bêtes dangereuses, autrement dit les tentations du monde. Ce « château » est une évocation de l'âme qui est composée de sept demeures qu'il faut pénétrer les unes après les autres pour atteindre la perfection, toucher Dieu. L'ascèse, la prière et la méditation sont les premières demeures qu'il faut franchir avant d'atteindre l'extase et l'union divine.

Merci à sainte Thérèse d'Ávila de nous aider à creuser au plus profond de nous-mêmes.

Une vie

L'Occident, en l'année 1515, ne se résume pas à la victoire de François Ier à Marignan, mais également à la naissance de Teresa Sánchez de Cepeda Dávila y Ahumada, un 23 mars dans la très sainte ville d'Ávila au cœur de la Vieille-Castille, en Espagne. Sa famille paternelle est d'origine juive. Ces juifs convertis de force que l'on nomme marranes. Les tribunaux de l'Inquisition poussent le grand-père Sánchez à quitter Tolède pour Ávila… On le soupçonne de pratiquer son ancienne religion dans le secret.

C'est un homme ruiné, mais « réconcilié » qui arrive à Ávila. Homme d'entreprise, il ne tarde pas à refaire fortune dans les tissus de luxe et gagne rapidement ses galons d'hidalgo. À cette enseigne, ses cinq fils, dotés de tous les privilèges nécessaires à une vie « hidalguesque », font carrière ainsi que de beaux mariages.

Don Alonso, le père de Teresa, a dix enfants avec doña Beatriz, sa seconde épouse. Il porte beau, est hâbleur, cultivé, et se trouve être un exemple parfait pour la petite Teresa qui dès l'âge de 6 ans, sensible et éveillée, se plonge dans la lecture de romans picaresques.

Son imagination travaille activement. Ávila est une ville d'histoire et la Castille-León, le premier théâtre de la Reconquista, quand les royaumes chrétiens du nord de l'Espagne se battaient pour récupérer les territoires conquis par les musulmans, l'Al-Andalus. Ce n'est pas si vieux… Trente ans à peine depuis que le dernier Maure a fui le pays.

Ici, à Ávila, comme à Salamanque ou Ségovie, les hautes murailles témoignent des affrontements passés ; chacune des quatre-vingts tours semi-circulaires qui joignent les remparts crénelés, racontent les conflits. Ici, on a toujours pris le parti de la croix et des opprimés. Les héros avilais sont contés, chantés et honorés et je ne peux m'empêcher de rapporter une histoire qui fit, en ce temps-là, vibrer le cœur de Teresa.

Les Almoravides, bien renseignés, profitent de l'absence du gouverneur de la ville et de ses hommes pour tenter de s'emparer de la cité… Ils sont là, au pied des remparts, le sabre courbé au clair, chevauchant avec fureur et fracas, poussant des hurlements, et bien décidés à piller et violer tout ce que leurs lames et leur corps croiseront… Soudain, une marée de silhouettes apparaît sur les tours crénelées, silhouettes vociférantes qui semblent s'apprêter au combat… Les Maures, surpris, hésitent, reculent et finalement quittent le siège. Une fois partis, les hourras éclatent, les rires nerveux fusent, les casques et les barbes tombent… et on porte Jimena Blásquez en triomphe ! Doña Jimena, l'épouse du gouverneur qui a eu l'idée et l'audace de déguiser les femmes en homme… Portrait d'une héroïne ! « Elle ne semblait point femme mais fort caudillo[1] ! »

Ce phénomène, que l'on chante encore dans les rues d'Ávila, est l'exemple idéal qui résonne chez Teresa… Les légendes ne ceignent pas que les hommes, les femmes aussi ont leur place dans le récit national.

Il n'y a pas que la passion de la guerre et la gloire qui habitent cette enfant précoce, mais également les histoires éclairantes des saints qu'elle ne cesse de lire et qui l'enchantent… Ce n'est plus Jimena Blásquez qu'elle veut devenir, mais sainte Ursule ou saint Sébastien. Elle voit dans ces martyrs au sang versé une beauté divine et un moyen « à bon marché » de gagner la vie éternelle dont on lui dit le plus grand bien. Sous l'impulsion de son frère Rodrigue, âgé seulement de quatre ans de plus qu'elle, se prépare une fugue pour aller périr en terre infidèle,

1. Chef de guerre.

dans cette Afrique musulmane... L'aventure tourne court puisque les enfants de 6 et 10 ans, baluchons sur l'épaule, sont rattrapés deux kilomètres plus loin par un oncle.

Étrangement, le jeune Rodrigo a moins de courage devant la déculottée prévue par son père que face à la perspective d'être décapité en terre païenne : avec délectation, il met tout sur le dos de sa sœur qui est punie...

Qu'à cela ne tienne, la petite Teresa, Teresita disent les Espagnols, si elle ne peut être martyre, sera cénobite, de ces ermites des montagnes ou des déserts.

> *J'essayais la solitude pour prier mes dévotions qui étaient nombreuses, et particulièrement le rosaire. Enfant, avec mes « sœurs », j'aimais beaucoup faire comme si nous étions des nonnes dans des monastères... Je pense que je souhaitais l'être.*

Elle est une fois de plus contrariée dans ses projets et, d'ermite, elle devient coquette, succombant naturellement aux frivolités de l'enfance.

L'adolescence la trouve d'une beauté fracassante, au point que les témoins disent qu'à l'âge de 15 ans elle fait tourner la tête à quiconque l'approche. Elle n'est pas vaniteuse, mais l'éveil de sa féminité la questionne. Emportée par une imagination sans limite, Teresa se passionne pour les romans de chevalerie au point qu'elle se met à en écrire. Elle est enthousiasmée par le roman de Garci Rodriguez de Montalvo, *L'Amadis de Gaule*, qui ne tarde pas à inspirer un autre futur auteur espagnol, un certain Cervantès. Elle voit dans les *Chevaliers de la table ronde* et la recherche du Graal, une exaltation qui mêle la piété et l'aventure. La gloire dans le martyre ayant échoué, elle envisage la reconnaissance littéraire. Sous sa plume, *Le Chevalier d'Ávila* se veut une réponse castillane à tous ces héros qui viennent de France ou d'Angleterre. Elle prétend aussi que certains de ces livres sont en réalité écrits par des femmes. Déjà cet esprit apte à réformer qui fera plus tard sa véritable gloire.

Épuisée par les couches successives, la mère de Teresa, Doña Beatriz, meurt.

Bien que la jeune fille fasse toujours preuve de piété, son goût pour la liberté et la frivolité finit par mettre son père en colère et Don Alfonso décide d'envoyer sa fille à Santa María de Gracia, couvent des augustines à Ávila.

À ce moment-là, Teresa n'envisage pas de devenir religieuse. Les regards qu'elle suscite, l'attention qui lui est faite, les billets doux qu'elle reçoit, accaparent pour le moins sa réflexion intérieure et les sept demeures du château ne sont pas encore à l'ordre du jour.

> *Cela cessa bientôt, et mon âme reprit goût au bien que j'avais connu dans ma première enfance. Il me semble que sa Majesté veillait et me surveillait, pour trouver une façon de me ramener à lui.*

C'est au couvent qu'elle rencontre María de Briceño qui devient sa directrice de conscience, qui l'écoute et la conseille, qui lui montre intelligemment le chemin de

Dieu, ce chemin que les futilités ont encombré. María comprend vite chez Teresa cette propension à se laisser influencer et à transformer ses passions nouvelles en des actes déterminés. Elle insiste sur la phrase des Évangiles « Il y a beaucoup d'appelés et peu d'élus » et sur l'importance que le Seigneur accorde à ceux qui abandonnent tout pour lui.

On l'a vu, Teresa est une passionnée… Elle veut être martyre, ermite, écrivain et, chaque fois, elle se jette à corps perdu dans le projet désiré.

> *María ranima en moi le désir des choses éternelles et mon hostilité envers l'état religieux cédait peu à peu.*

Dieu vient de frapper en son cœur.

Teresa, jeune femme à la réflexion riche, se demande longuement quelle est pour elle la meilleure façon de servir Dieu. Ses expériences de l'amour humain lui ont laissé un goût amer ; elle n'y a pas trouvé l'exaltation absolue décrite dans les romans de chevalerie… Une femme mariée, même très pieuse, restée soumise à son mari et le triste exemple de sa mère morte d'épuisement après ses couches à répétition, ne l'inspirent pas. Étrangement, elle associe donc la vie conjugale à la mort, tant sociale que physique. Elle ne refuse pas l'idée de soumission à un homme qu'on admire et qu'on respecte, mais qu'en est-il quand l'époux est médiocre ? La vie ne devient alors que ruses et fausses compromissions.

Et toujours chez elle cette passion de l'Éternel. Quoi qu'il arrive, l'amour terrestre n'est que passager.

Combien de fois a-t-elle voulu être un homme ? L'exemple de son frère aîné, Fernando, parti conquérir le Pérou dans l'armée de Pizarro où la gloire et la richesse en sont la promesse, l'exalte à nouveau. Quant à Cortez, le grand conquistador, plus que les richesses, il rapporte que des milliers d'âmes sont à sauver… On parle de quatorze mille baptêmes par jour ! Mais Teresa n'est que femme ! Partir pour évangéliser tous ces indigènes l'aurait enthousiasmé, mais la vie monastique, pour elle, est synonyme d'enfermement… Le claquement d'une porte qui se refermerait pour toujours sur le bruit du monde.

Remuée par toutes ces sensations diverses et contradictoires, elle finit par tomber très malade. Elle doit s'éloigner de la maison paternelle pour trouver à nouveau des couleurs à la vie ; chez sa sœur, puis chez son oncle Pedro qui, voyant l'appétence intellectuelle de sa nièce, lui ouvre les secrets de son imposante bibliothèque. Les écrits d'Antoine de Padoue, de François d'Assise, de Bernard de Clairvaux ou de Catherine de Sienne, influencent grandement sa prochaine décision… Mais elle hésite toujours.

J'ai peur de moi, de ma faiblesse.

Elle voit encore dans le monde qui l'entoure des motifs de grande exaltation. A-t-elle la force de tout quitter ?

Puis, contre l'avis de son père qui refuse de la laisser se donner à Dieu seul, elle décide d'entrer dans les ordres et répète la fugue faite treize ans plus tôt avec son frère, mais cette fois pour intégrer le couvent de l'Incarnation à Ávila.

> *Je ne crois pas que je souffrirai davantage que lorsque je suis sortie de la maison de mon père ; on eut dit que chacun de mes os se séparait des autres. Je n'éprouvais pas cet amour de Dieu qui anéantit l'amour pour le père et les parents, je n'agissais qu'à force de me dominer ; si le Seigneur ne m'était pas venu en aide, mes considérations n'eussent point suffi à me faire aller de l'avant. Il me donna le courage de me vaincre.*

Quel courage, quelle abnégation, quand on songe que cette beauté fracassante, pleine de l'ivresse de la jeunesse, ne réalisait, avec Dieu, qu'un mariage de raison.

Sa décision n'en est que plus admirable. Avant de rencontrer le grand amour divin, elle va devoir lutter contre elle-même, refouler l'orgueil, l'amour-propre et ce désir de plaire qui la tenaille toujours. D'autant plus émouvant que contrairement à beaucoup de vocations religieuses entretenues par la famille, Teresa, elle, est en désaccord avec son père qui voit sa fille s'émanciper de son amour… Il en souffre, mais cède.

Le 3 novembre 1937, elle prend l'habit.

Le couvent n'arrange pas sa santé qui se détériore à vue d'œil. On la voit pâle, la joue creuse, le port vacillant.

Elle cumule les syncopes et, très certainement, des crises d'épilepsie. Son père fait envoyer les meilleurs médecins de la région, mais la science est impuissante et les prières des sœurs guère plus efficaces. Le monastère étant non cloîtré, Don Alonso vient chercher sa fille pour la mener chez une guérisseuse castillane de bonne fame (à la réputation fameuse). Personne n'entend rien à son mal car, elle le sait, il est d'ordre psychique. Le combat qu'elle se livre à elle-même la ronge, voilà tout.

C'est encore une fois son oncle, Pedro de Cepeda, qui lui montre le chemin de la véritable prière, que Teresa ne conçoit pas encore complètement. L'état d'oraison, cet état spirituel où l'âme tente de communiquer dans une prière méditative. Il lui offre le *Troisième Abécédaire*, un traité de recueillement de Francisco de Osuna, un franciscain contemporain. C'est avec cet ouvrage fondamental qu'elle perçoit enfin le chemin et l'importance de l'oraison.

Mais à l'été suivant, elle fait une grave rechute au point que pendant trois jours on la croit morte. Sa tombe est creusée et on veille sa dépouille avant l'ensevelissement, mais... elle ouvre finalement un œil.

> *Ne me croyez point morte tant qu'on ne me recouvrira pas d'un drap d'or.*

Après cet épisode dramatique, elle reste paralysée près de trois ans, mais considère ses extrêmes souffrances comme une mise à l'épreuve.

Dans l'année 1340, comme miraculée, elle retrouve toutes ses facultés motrices, mais elle reste de santé précaire toute sa vie.

Est-ce sa beauté, son charisme, sa conversation cultivée et charmeuse, toutes ces vertus temporelles qui la rendent si séduisante aux yeux de tous, qui entravent son accès total à Dieu ? C'est possible, car elle met du temps à s'abandonner complètement. Devant un tableau peignant la souffrance ultime du Christ, elle se sent soudainement bouleversée comme jamais elle ne l'a été.

> *Au souvenir de l'ingratitude dont j'avais payé tant d'amour, je fus saisie d'une si grande douleur qu'il me semblait sentir mon cœur se fendre.*

Elle sent qu'elle vit là une véritable conversion. Pourtant, malgré les grâces spirituelles qu'elle reçoit en oraison, son confesseur la met en garde contre les illusions du démon. Il lui présente le père Gaspar Gaza, un prédicateur influent qui tente d'inculquer les Évangiles dans l'ignorance des campagnes, mais celui-ci doute du bien-fondé des visions de Teresa. Il « confirme » même qu'elle est sous l'emprise du Malin. Heureusement, dans sa détresse, elle est guidée par un des pères jésuites les plus influents de son temps, François Borgia, qui la rassure sur la nature divine de ses secrets intérieurs. Elle s'écarte alors de ces « demi-théologiens ombrageux » pour s'abandonner véritablement à la félicité de Dieu. Elle continue de recevoir des faveurs du ciel qui se concrétisent par une vision réelle de la résurrection de Jésus et même par des périodes de lévitation qui l'effraient grandement.

Comme au temps de Catherine de Sienne, les manifestations surnaturelles deviennent suspectes en Espagne, d'où le rayonnement de l'Inquisition. Les doutes populaires et ecclésiastiques viennent suite au procès de Magdalena de la Cruz, grande prêtresse qui impressionne fort l'Espagne par ses prévisions, annonçant la bataille de Pavie et la captivité de François Ier. Isabelle la Catholique, elle-même, se fait l'écho de cette jeune sœur clarisse de Cordoue. Hélas, le 1er janvier 1544, cette religieuse qu'on s'apprête presque à canoniser de son vivant, avoue publiquement que tout est faux, ses extases feintes, et ses visions, le produit d'un pacte diabolique.

Dans ces époques où le merveilleux côtoie le religieux, l'Église se doit d'être très prudente pour ne pas risquer de prêter le flanc aux dérives sacrilèges qui ruinent le message premier du Christ. On voit combien Teresa est circonspecte, doutant d'elle-même et de ses manifestations intérieures. C'est qu'alors, l'Inquisition est puissante et propre à des excès voire des dérives. Certains parlent même de l'impatience de voir cette nonne finir dans les flammes du bûcher.

Pourtant ses visions se multiplient et son amour pour Dieu augmente.

> *Je ressentais si impétueusement cet amour que je ne savais plus que devenir, rien ne me satisfaisait plus, je ne tenais plus en moi, on eut dit qu'on m'arrachait*

> *l'âme. Ô souverain artifice du Seigneur! Son amour me pressait d'une mort si savoureuse que l'âme jamais plus n'eut voulu revenir.*

Je reprends la lecture du *Château intérieur* où Teresa nous dit que l'on peut pénétrer les trois premières demeures par l'ascèse et la piété, mais qu'elles ne suffisent pas à l'oraison surnaturelle qui offre le passage à la quatrième demeure.

Je sais que ce sont là des concepts assez complexes d'où mon hésitation à développer cette introduction à la mystique de Thérèse d'Ávila, mais je ne peux m'empêcher de faire un lien évident entre les demeures de ce château intérieur et les huit branches que tout yogi tente d'atteindre :

1. Yama : ensemble de principes éthiques.
2. Niyama : ensemble de règles de vie personnelles.
3. Asanas : les postures que nous réalisons en cours de yoga.
4. Pranayama : science de la respiration.
5. Pratyahara : retrait des sens.
6. Dharana : attention.
7. Dyana : méditation.
8. Samadhi : état d'unité, de bien-être absolu.

La pensée de Teresa est centrée sur le rapport profond entre Dieu et l'homme qui peut être sublimé par différents niveaux de méditation et de prière…

Je ne veux pas là minimiser le mystère de la foi, mais simplement évoquer le fait que chacun peut, dans nos temps modernes et par trop matérialistes, trouver son chemin, son accès à la transcendance.

Nous ne pouvons que, à la lecture de la vie de sainte Thérèse d'Ávila, faire devoir d'humilité car son parcours mystique devient de plus en plus exceptionnel.

Il lui est très vite impossible de cacher ses transes aux autres ni de résister aux manifestations surnaturelles qui « l'assaillent ». Au cœur de la chapelle de l'Incantation, au cœur des fidèles, son corps est soulevé à plusieurs dizaines de centimètres du sol.

Il y a l'émerveillement d'un côté, la peur de l'autre. Comment oublier qu'alentour, de Séville à Tolède ou Valladolid, les brasiers crépitent pour purifier les victimes du diable ! Teresa elle-même doute toujours du déclencheur de toutes ces grâces.

En Ávila, on crie au diable, mais son confesseur, Balthazar Alvarez, bien que dur avec elle, semble hermétique à la corruption de l'esprit. Il cherche à comprendre, mais il croit à la présence de Dieu chez Teresa. Jamais l'expression « être de bonne foi » ne parut plus explicite.

Elle fait la « nique » au démon et craint plus ceux qui le craignent que le démon lui-même.

Teresa est bientôt sur le point de pénétrer la quatrième demeure en vivant ce que l'on appelle la transverbération.

> *Je vis un ange proche de moi du côté gauche [...] Il n'était pas grand mais plutôt petit, très beau, avec un visage si empourpré qu'il ressemblait à ces anges aux couleurs si vives qu'ils semblent s'enflammer [...]*

> *Je voyais dans ses mains une lame d'or, et au bout, il semblait y avoir une flamme. Il me semblait l'enfoncer plusieurs fois dans mon cœur et atteindre mes entrailles : lorsqu'il la retirait, il me semblait les emporter avec lui, et me laissait tout embrasée d'un grand amour de Dieu. La douleur était si grande qu'elle m'arrachait des soupirs, et la suavité que me donnait cette très grande douleur était si excessive qu'on ne pouvait que désirer qu'elle se poursuive, et que l'âme ne se contente de moins que Dieu. Ce n'est pas une douleur corporelle, mais spirituelle, même si le corps y participe un peu, et même très fort. C'est un échange d'amour si suave qui se passe entre l'âme et Dieu, que moi je supplie sa bonté de le révéler à ceux qui penseraient que je mens…*

J'ajouterai à ce témoignage que Teresa décrit dans son autobiographie, qu'on découvrit, à l'autopsie de son corps, une mystérieuse blessure sur son cœur. La science se perdit en conjectures.

Peu à peu, malgré les réfractaires, la sainteté de Teresa s'affiche de plus en plus évidente. On la voit dans un total détachement et oubli de soi, bienveillante et respectueuse de son vœu de pauvreté. Ses observateurs, qu'ils soient confesseurs ou juges, se rendent compte que la vie spirituelle de Teresa est un véritable théâtre de la foi où se joue une profonde réflexion intellectuelle tout en description, en analyse, en introspection raisonnée, et elle démontre au monde et à l'histoire du monde que la contemplation peut être le cheval de Troie de l'action.

À l'entrée des années 60 (celles du XVIe siècle), nous trouvons une Teresa épanouie, forte et équilibrée, qui a pleine conscience de ce qu'elle est et de ce qu'elle vit. Les doutes sont chassés, les âmes dubitatives écartées, le clergé suspicieux éloigné. À 45 ans, elle devient *la madre*, plus aucun scepticisme ne hante les couloirs du couvent de l'Incarnation.

Par la voix de Dieu, Teresa sait pourquoi elle est intercesseur de ses nouvelles volontés, car les édiles religieux, enfoncés dans les délices de Capoue, n'entendent plus la voix du divin.

Depuis le pape Eugène IV, les règles du Carmel ont été sérieusement assouplies, un relâchement que Teresa n'apprécie guère, aussi décide-t-elle de réformer son ordre afin de revenir aux fondamentaux, à savoir les règles de pauvreté, d'austérité et d'isolement. Cet isolement qui permet de se recentrer sur la méditation et de repousser les ennemis de la vie intérieure. Soutenue par ceux qui n'ont jamais douté de sa « bonne foi », elle entreprend la création de nombreux couvents, en y extirpant le laxisme ambiant.

Sa première fondation sera le couvent Saint-Joseph, à Ávila. Les règles selon Teresa y sont appliquées et les nouvelles nonnes avançant pieds nus dans leurs sandales seront appelées les Carmélites déchaussées.

Là encore, les critiques sont vives et les craintes nombreuses, mais Teresa ne cède pas et le choix du dépouillement absolu finit par enrichir la philosophie de l'Église.

On parle de réforme thérésienne.

La carmélite désire revenir à la règle de saint Augustin, le contemplatif par excellence. Règle qui est développée par saint Albert pour répondre à la demande des ermites du mont Carmel au début du XIIIe siècle.

La réformatrice est en marche. Ce n'est pas moins de dix-sept couvents qu'elle fonde à travers toute l'Espagne. Celle qui voit dans l'isolement le socle de la méditation se jette sur les routes, emportée par ce nouveau sacerdoce. C'est à Malagón, au sud de Tolède, qu'elle rencontre pour la première fois un personnage majeur, le jeune prêtre carme, Jean de la Croix, qui est lui aussi déclaré docteur de l'Église. Ce mystique éclairé est également considéré comme un des plus grands poètes de son temps. Il aide grandement Teresa dans ses réformes.

En cette année 1576, c'est l'ère de la calomnie qui s'ouvre et se chante – si j'ose dire – dans tous les tons de la malveillance, de la jalousie et de la bêtise. Les tenants conservateurs de l'ancienne observance de l'ordre se conjurent contre les réformateurs et les persécutions commencent. Il faut attendre que Rome tranche et fasse le choix de séparer les provinces entre couvents réformés et couvents non réformés.

Teresa profite de ces troubles violents pour s'isoler au couvent Saint-Joseph de Tolède et commencer la rédaction de son livre majeur, *Le Château intérieur.*

> *Dieu a créé l'homme pour le bonheur, dans l'accomplissement de sa renaissance à lui ; il lui a donné, dans*

les Évangiles, un art de vivre heureux. En enfreignant les lois divines, l'homme fait son malheur, comme celui qui enfreindrait la loi naturelle en se refusant à respirer causerait sa propre mort. C'est ce que la créature persiste à ne pas voir. Dieu veut que nous cherchions la vérité et nous voulons le mensonge ; il veut que nous cherchions ce qui est éternel, nous inclinons vers ce qui passe ; il veut que nous aspirions à de hautes et grandes choses, nous les voulons basses et poussière ; il voudrait que nous n'aimions que la certitude, nous n'aimons, ici-bas, que choses incertaines…

Toujours dans sa quête de perfection intérieure, Teresa, au sein même des institutions religieuses, se voit empêchée. Au luthéranisme qui gangrène peu à peu l'Europe, l'Église oppose la Contre-Réforme qui tend à repousser l'hérésie venue d'Allemagne. L'Inquisition espagnole devient fébrile et tout mysticisme est surveillé de très près, les « femmes » mystiques plus encore. À cette enseigne, Teresa se voit étroitement surveillée et inquiétée au point de se retrouver séquestrée dans un couvent castillan. Pour la Sainte Inquisition, l'oraison mentale, les stigmates ou plus encore la lévitation sont des motifs de suspicions en faveur de la possession démoniaque.

Jusqu'après sa mort, certains théologiens réclament la destruction de tous ses ouvrages.

Après la fondation de son dernier couvent en la ville de Burgos, elle s'arrête à Alba de Tormès dans la province de Salamanque et meurt durant la nuit du 4 au

15 octobre, « la plus longue nuit qu'ait connue l'Espagne ». Douloureuse agonie de cette sainte qui a su mettre la méditation et la contemplation au plus haut niveau.

> *L'heure est à présent venue, mon Époux, de nous voir…*
> *Je meurs en fille de l'Église.*

Il ne reste plus à Thérèse d'Ávila qu'à s'élever au-delà des sept demeures.

La vie de cette femme, de cette sainte, fut bonheur et chaos, le bonheur intérieur par l'extase mystique, mais le chaos dehors car, toute sa vie, elle a dû combattre contre les tièdes et les incrédules, les réfractaires et les jaloux, les édiles fantoches et l'Inquisition parfois aveugle. Dieu était tout pour elle et elle vivait la réalité de son omniprésence à chaque seconde de sa vie. Pour autant, son intelligence ne fut jamais altérée par sa foi, elle qui conçut tant de magnifiques choses et qui laissa un héritage fort et durable.

J'aimerais à ce propos donner une dernière anecdote merveilleuse…

Plusieurs mois après la mort de Teresa, il s'exhale de sa tombe une odeur très agréable, comme une fragrance de rose. Les moniales, désireuses de voir une dernière fois le corps de la *madre*, font ouvrir le cercueil. Le bois est attaqué, la terre est sèche, poussiéreuse, les habits sont pourris, en lambeaux… mais le corps est intact, dans sa pleine chair, entier et incorrompu. Plus on ôte la terre qui recouvre le corps et plus l'odeur délicieuse se répand.

On lui met une robe neuve, on l'enveloppe dans un drap et on la dépose dans une châsse…

Là, je ne peux m'empêcher de restituer les mots et les gestes du père Gracian, témoin de ces événements, qui montre avec beauté la grandeur éternelle de Teresa et avec une certaine « horreur », la petitesse du commun des mortels.

> *On la déposa dans un coffre, là même où elle était auparavant, mais avant de ce faire, je lui ôtai la main gauche. […] J'ai emporté cette main dans une coiffe et pliée dans un papier ; et il en distillait de l'huile… Je l'ai laissée à Ávila dans un coffret fermé… Lorsque je coupai la main, je coupai aussi un petit doigt que je porte sur moi.*

Quand la foi rejoint le fétichisme… J'ai quelques frissons quand je pense à la faiblesse des Hommes, mais peut-on se reprocher de n'être que des Hommes ?

Pour moi sainte Thérèse d'Ávila représente véritablement cette quête du chemin intérieur contre toutes les adversités, contre toutes les moqueries, les rejets, contre toutes les formes d'ostracisme de la part des « sachants », des esprits forts. Cette femme qui avait, par son acuité, son sens du verbe et sa beauté, un monde matériel à ses pieds, mais qui a fait le choix du dépouillement et du rayonnement intime.

Comme je l'expliquais au début de ce livre, j'ai le désir de rendre hommage au courage de ces femmes que l'histoire n'a certes pas oubliées, mais que la modernité rapide, pressée, quelquefois superficielle, souvent arrogante, a délaissées au détriment d'icônes plus insignifiantes, de modèles dont l'exemple peut être délétère ou, pour le moins, inconsistant. Ces femmes qui sont immenses par leurs actions, hors du commun par leur puissance mystique, nous montrent une voie difficile, mais qui nous ramène toujours à la dimension de ce que nous sommes : des mortels cernés de doute et de mystères.

Et les détournements, les échappatoires, les dérives, les palliatifs ou tous les contre-feux allumés pour détourner le regard de l'essence même de la vie, à savoir la mort, ne changeront rien à la réalité de notre condition.

Ces femmes nous apprennent une chose : là où il n'y a plus d'espoir, il y a l'espérance.

Sainte Geneviève
(420-502)

Une antique femme d'aujourd'hui

Qui connaît aujourd'hui sainte Geneviève ? Si les Parisiens situent la *montagne* Sainte-Geneviève au sommet de laquelle trône la Sorbonne, peu seraient capables de résumer la vie de cette sainte gallo-romaine, voire d'en brosser un quelconque portrait. Moi-même, je n'avais qu'une idée assez vague et lointaine. Quand j'ai amorcé mes débuts de musicienne dans ma belle province du Nouveau-Brunswick, j'ai dû me rendre à Québec pour étudier. J'étais très jeune et, avec mes parents, nous avions cherché un lieu où je pourrais loger en toute tranquillité... Le couvent Sainte-Geneviève avait alors été évoqué. On notera la minceur du fil rouge, mais en réfléchissant aux saintes auxquelles je souhaite rendre hommage, j'ai eu cette réminiscence. Heureusement ! Finalement, qui est cette Geneviève que l'Église a canonisée ? Qu'a-t-elle fait ? Est-ce une éminente théologienne ? Une martyre ? Je sais qu'elle est patronne des gendarmes, mais pourquoi ? À quel titre ? J'avoue mon ignorance à l'endroit de cette femme. M'en voudra-t-on à moi, la chanteuse venue d'Acadie, de ne pas avoir prêté attention à celle qui défendit Paris des invasions barbares du ve siècle de notre ère ? Celle qui fut un symbole de résistance et de courage, mille ans avant Jeanne d'Arc ? Mon Dieu que les femmes sont fortes dans ce pays ! En voici une nouvelle preuve, s'il en faut. Faire un lien avec Jeanne d'Arc n'est pas sans fondement, car on représente souvent Geneviève entourée de moutons… Faut-il donc que les femmes passent par la bergerie avant d'être reconnues louves ou lionnes ? Il s'agit en réalité d'une mode apparue un siècle après la mort de Jeanne d'Arc, la pastourelle ; un genre poétique médiéval qui voyait dans la bergère repoussant les assauts d'un chevalier entreprenant le contrepied de l'amour courtois.

Actualité quand tu nous tiens !

Derrière cette « bergère aux blancs moutons » se dévoile une femme moderne qui compile toutes les vertus et qui multiplie les « casquettes »… Elle n'est pas la femme objet chantée plus tard par les troubadours, mais une femme politique, propriétaire de terres, diplomate, conseillère de prince, maire, épouse… de Jésus, et cependant hermétique à toute « charge mentale ».

Cette femme du ve siècle doit être un exemple pour nous, femmes contemporaines, car elle nous démontre que si la féminité peut être une difficulté au début, elle se révèle souvent un atout considérable pour la suite. On se rend compte à la lecture de sa vie que le Moyen Âge, souvent décrié par nos contemporains, laisse une place beaucoup plus libre à l'expansion de la femme. Dans toutes ses actions, les plus téméraires fussent-elles, jamais

Geneviève n'essaya d'agir comme un homme. Elle eut, au contraire, l'intelligence d'assumer son sexe et, face à la pugnacité, pour ne pas dire l'agressivité, de « mâles alpha », elle opposera toujours une absolue détermination empreinte de bienveillance et d'assurance. Nous parlions de moutons et ce sont bien souvent les hommes qui le furent devant elle. Même Clovis, le roi des Francs, le fondateur de la France, s'inclina devant la pertinence de ses conseils et la justesse de ses analyses.

Jamais arrogance ou bravade ne la caractérisa et toutes les actions qu'elle mena le furent sous l'égide de son Seigneur au ciel.

On trouve déjà dans ses propos et attitudes sur les femmes, en ce Ve siècle plutôt « barbare », la philosophie que développera, mille quatre cent trente ans plus tard, une certaine Edith Stein.

Une vie

Il faut être honnête, la source principale concernant Geneviève est pratiquement unique. Il s'agit de la *Vita*, c'est-à-dire une source hagiographique qui retrace la vie des saints et des saintes. On peut néanmoins lui accorder du crédit car elle fut écrite par un moine quelques années après la mort de la sainte, probablement commandée par la reine Clotilde, femme de Clovis. Une hagiographie composée à l'aide de témoignages vivants.

Lorsque naît Geneviève entre 420 et 423, l'Empire romain est moribond. Depuis des décennies, la décadence de Rome est en marche et la gloire des césars d'antan n'est plus que gravée dans les vieux marbres. Pourtant l'héritage de l'Empire est prodigieux. Avant de s'effondrer définitivement en 476 lorsque le dernier empereur, Romulus Agustule, abdique, le génie romain s'est infiltré partout en Europe, y laissant ses routes, ses aqueducs et un grand nombre de valeurs. Ainsi Geneviève naît-elle gallo-romaine, ces Gaulois complètement assimilés à la culture romaine.

Le christianisme, qui répand l'idée du Dieu unique dans une société polythéiste, est sans doute à l'origine du déclin de Rome, car le chrétien vénère Jésus et non l'empereur, ose prétendre que tous les hommes sont égaux face à Dieu et remet en question l'esclavage, un des moteurs essentiels de la grande Rome.

Mais la chute de l'Empire ouvre les frontières aux invasions barbares qui déferlent de partout... Les Burgondes, les Alamans, les Ostrogoths, les Francs, ou encore les Wisigoths qui ont perpétré le fameux sac de Rome quelques années plus tôt (410).

Bien que le pouvoir des évêques s'intensifie un peu partout, alentour, aucun royaume « barbare » n'est dirigé par un roi chrétien. C'est l'arianisme[1] qui fait « foi ».

À la naissance de Geneviève, nous vivons la transition entre l'Antiquité et le haut Moyen Âge. Elle en est le témoin privilégié.

1. Doctrine chrétienne fondée par Arius, un théologien d'Alexandrie, qui nie essentiellement la Trinité et fait de Jésus un être inférieur à Dieu.

Elle naît à Nanterre, une petite bourgade à l'ouest de Lutèce qui ne va pas tarder à s'appeler Paris, en raison de la peuplade qui vit dans la région, les *Parisii*. Severus, son père, est un ancien général de l'armée romaine. Il s'est retiré sur ses terres où il prend activement part à la vie politique en tant que magistrat. Avec sa femme, Gerontia, ils apparaissent comme des chrétiens généreux et fidèles. Depuis une vingtaine d'années, les attaques barbares se sont calmées et Geneviève vit ses premières années dans un univers serein. Fille unique, sa voie est toute tracée : elle reprendra les affaires familiales dont elle héritera. Dans la *Vita*, jamais n'apparaît un quelconque ostracisme quant à son sexe. En ce temps-là, être une femme ne semble pas poser le moindre problème à la tenue des comptes de la chose publique ou privée.

Vers l'année 430, la jeune enfant (7 ans) est remarquée par l'évêque d'Auxerre, Germain, alors que celui-ci est en route vers l'Angleterre à des fins d'évangélisation. Remarque-t-il chez elle un regard ? une lumière ? une aura particulière ? Toujours est-il que, pris d'une intuition, il pose sa main sur le front de Geneviève et s'adressant à Severus et Gerontia : « Heureux êtes-vous d'être les parents d'une telle enfant. Elle sera vénérée. Elle sera grande devant le Seigneur. »

Et de lui donner une petite pièce de monnaie percée d'une croix qu'elle devra porter en pendentif comme seul luxe extérieur.

C'est ce que nous livre le prêtre auteur de la *Vita*.

La ferveur religieuse qui enflamme alors Geneviève n'est pas vue du meilleur œil par sa mère qui lui interdit la messe. Désobéissance et rébellion qui se soldent par une gifle retentissante au point qu'on l'entend encore du plus loin de notre histoire. La conséquence de cet excès d'humeur est funeste, car Gerontia, quelques heures plus tard, perd la vue. Geneviève est désespérée. C'est de sa faute si sa mère est devenue aveugle. Il faut une année pour que le cœur de Gerontia s'ouvre à la vocation de sa fille. Cette dernière bénit l'eau du puits à l'aide de la pièce offerte par l'évêque, caresse les yeux de sa maman qui retrouve la vue. Il s'agit là du premier miracle de Geneviève.

Je pense qu'il ne faut pas interpréter l'attitude de cette enfant de 7 ans comme de l'insolence, mais comme du discernement, une prise de conscience précoce qui peut nous interroger sur l'importance d'une bonne éducation, en conscience, de nos enfants pour ne pas les entretenir dans le doute.

À l'âge de 18 ans, Geneviève devient ce que l'on nomme alors, dans un monde qui ne connaît pas encore les communautés religieuses, une vierge consacrée. La prière, le jeûne et le don de soi pour l'autre sont ses vœux. Entre deux retraites solitaires, elle s'investit dans la vie de la cité sous l'égide de son père qui garde des fonctions importantes au sein de la société. Hélas, les maladies sont nombreuses et ses parents sont emportés tous les deux, laissant la jeune vierge orpheline. Elle doit alors quitter Nanterre et gagner Lutèce où elle est accueillie par Severa, une tante paternelle. À ses côtés, Geneviève apprend à gérer l'héritage de son père et tous les soucis administratifs afférents.

Mais à Lutèce, la vie est très différente de sa campagne nanterroise. De tout temps, la cité qui est en train de devenir Paris a été la proie de la pollution. Rues étroites et boueuses, amoncellement d'ordures dû à la promiscuité de la population de plus en plus nombreuse. Pollution sonore. Mille ans plus tard, Nicolas Boileau écrit *Les Embarras de Paris*, décrivant les dérives inhérentes aux grandes villes.

Dans la ville, l'heure du faste romain est bien révolue et les multiples invasions barbares poussent les Lutéciens à vivre uniquement au cœur de la cité. La population se partage entre chrétiens peu pratiquants et païens assumés.

Dans ce climat, Geneviève investit l'endroit. La position de sa tante lui ouvre la porte des édiles et son héritage n'est peut-être pas pour rien dans l'intérêt qu'on lui porte, mais sa ferveur impressionne les habitants qui la voient marcher dans les rues, la bourse pleine et prompte à aider les indigents qui, ici comme ailleurs, fleurissent dans un quotidien difficile. Mais elle ne tarde pas à faire naître les suspicions, comme si bienveillance et générosité étaient suspectes. Des esprits funestes cherchent à lui nuire. La prière est pour elle le rempart indestructible aux critiques et aux doutes. Oui, la prière qui, comme la méditation, permet de se centrer ou de se recentrer sur l'essentiel, d'écarter les futilités du temps, de chasser tout ce qui peut nous écarter d'un chemin lumineux.

Il faut le retour inopiné de l'évêque Germain et son témoignage sur la moralité et la sincère vocation de la jeune femme pour que la population fasse enfin taire ses doutes.

Elle devient dès lors un membre important de l'aristocratie locale, cependant que la situation politique se dégrade. Alentour, les peuplades barbares mettent à mal le pouvoir gallo-romain. Francs, Burgondes, Alains ou Goths se disputent les territoires, mais un danger plus grand encore se profile… On parle d'un peuple nomade qui vient d'Asie et qui détruit tout sur son passage… Les Huns ! Avec à leur tête le terrible Attila, le « fléau de Dieu », comme le marque l'histoire.

> *Cette race dépasse toutes les formes de la sauvagerie. Ils sont affreusement laids. On dirait des bêtes à deux pattes. Ils ne se nourrissent pas d'aliments cuits au feu ni assaisonnés, mais de racines de plantes sauvages et de chairs demi-crues d'animaux de toute sorte qu'ils échauffent quand ils sont à cheval entre leurs cuisses.*

Voilà ce qu'en dit le chroniqueur Ammien Marcellin à cette même époque. On se souvient aussi de la fameuse phrase de l'historien Grégoire de Tours rapportée un siècle plus tard : « Là où Attila a passé, l'herbe ne repousse pas. »

C'est dire à quel point les esprits sont frappés par la sauvagerie de ces cruels cavaliers.

Attila et ses hommes ont une particularité : le nomadisme. Rien ne les arrête, car ils ne veulent s'arrêter nulle part. Derrière Attila, on parle d'une armée de près de quatre cent mille hommes. La terreur se répand avant même leur arrivée.

Quelques rescapés des villes assiégées comme Metz ou Reims sont parvenus à gagner Paris et racontent avec force détails les atrocités perpétrées. On décrit des sortes de centaures qui font corps avec leur cheval, qui piétinent, qui violent et massacrent. Les Parisiens n'ont qu'une envie : fuir la terreur qui s'annonce. Mais au Conseil de la ville, une seule personne s'élève contre cette folie… C'est une femme, c'est Geneviève. Elle veut sauver Lutèce et si elle prône la prière, en fine politique, elle ne néglige pas la résistance armée.

Si vous fuyez, c'est la mort et la fin de notre ville !

Il n'est pour elle pas question d'abandonner la cité aux barbares. Toutefois, elle ne parvient pas à éviter tout de suite le vent de panique qui souffle. Des chariots se carapatent à la va-vite, des barges trop lourdes se chargent sur la Seine… La panique n'est que désordre. À présent, les prêtres eux-mêmes la désavouent et cherchent à sauver les trésors de l'Église. En 451, la foi chrétienne est encore fragile et les rues résonnent encore aux prières pour Ésus ou Belenos… et Toutatis, bien sûr, le dieu protecteur des territoires. Malgré les anathèmes que subit Geneviève, courageuse, elle tient bon dans son idée et clame cette phrase qui traverse les siècles :

Que les hommes fuient, s'ils veulent, s'ils ne sont plus capables de se battre. Nous les femmes, nous prierons Dieu tant et tant qu'il entendra nos supplications.

Ici, ni Bayard, Du Guesclin ou Lancelot, mais Geneviève, une femme !

On la conspue, l'injurie, la menace des pires maux. C'est grâce à une nouvelle intervention du magistère religieux par l'entremise de l'archidiacre de Germain d'Auxerre que les loups vociférants qui veulent noyer la jeune femme dans la Seine, deviennent des moutons.

Il est de toute façon trop tard pour fuir.

Attila arrive-t-il jusqu'à Paris ?

Non.

Les armées d'Aetius, généralissime de l'armée de l'Empire d'Occident, lui font barrage près de Troyes. Ce sont les célèbres champs Catalauniques[2] qui seront le théâtre de terribles combats.

« Ce fut une lutte atroce, pleine de péripéties, furieuse, opiniâtre, telle que l'Antiquité n'en avait jamais vue », rapporte, au VIe siècle, l'historien Jordanès dans son *Histoire des Goths*.

Mais il reste un mystère sur l'hésitation d'Attila à s'emparer de Paris. *La Vita* propose une hypothèse séduisante… Geneviève aurait, par quelques émissaires, fait courir le bruit que Lutèce était victime d'une épouvantable épidémie de choléra, ce qui aurait dérouté le

2. *Catalauni* est l'ancien nom de Châlons-en-Champagne.

chef des Huns… Vérité ou légende, il me plaît de croire que la sagacité d'une femme de tête, brillante et priante, a su détourner le « fléau de Dieu ».

Sur les champs Catalauniques, Aetius est vainqueur, les Huns reculent. Paris est sauvée.

Geneviève devient l'icône de la résistance et son aura s'élargit. Elle a 30 ans et elle est à présent le corps, le cœur et l'âme de Paris. Son courage, sa clairvoyance et son sens politique ont permis de développer, plus encore, le sens du sacré. Les Huns ne sont pas venus, elle ne s'est pas battue physiquement, elle a juste insufflé l'espérance au cœur de la cité, en démontrant que le courage et la prière peuvent sauver un peuple.

Lorsque sa tante meurt en 455, Geneviève se retrouve à la tête d'immenses propriétés dont elle gère intelligemment les rendements. L'argent va aux paysans, aux artisans et aux plus pauvres. On la décrit simple, souriante, bienveillante. C'est un exemple pour tous. Au sein du Conseil de la ville, elle est à présent très écoutée, sa sagesse fait loi. On peut considérer, à l'aune de ses actions et de sa renommée, qu'elle est le première « maire » de Paris. Eh oui, le premier maire de Paris était une femme ! On est loin de ce « stupide XIXe siècle », tant décrié par Daudet, qui fit des épouses des êtres socialement et politiquement secondaires. *A contrario*, le siècle de Geneviève est celui des impératrices.

Pourtant, malgré le danger hun écarté, la situation du pays n'est pas de tout repos, les tensions politiques sont vives et l'avenir incertain. Dans ce cadre, Geneviève ne faiblit pas et la curie de Lutèce attend d'elle des choix et une direction.

Son action est simple : faire de la foi chrétienne le fondement de tout Parisien, de tout Homme. Elle va alors engendrer le culte des saints. Un siècle plutôt, saint Denis a évangélisé la région, elle se place donc sous son égide. C'est lui, ce prêtre martyr décapité sur l'éminence la plus haute de la région qui deviendra la butte Mons Martyrum, Montmartre. La légende dit qu'il se relève après l'exécution, ramasse sa tête et marche pendant quelques kilomètres avant de s'effondrer dans un champ. On l'y enterre. Plus tard, la ville de Saint-Denis s'élève autour de sa sépulture. Geneviève en est l'instigatrice.

> *Ici est un lieu saint. Il faut y construire une basilique en l'honneur de saint Denis.*

Au-delà de son rôle social, qui donne du travail aux démunis et qui réunit les citoyens autour d'un projet commun, cette construction est empreinte de merveilleux et de miracles.

La notoriété de Geneviève dépasse les frontières de la Gaule et on vient de loin pour la voir ou la solliciter. En tant que membre éminent de la curie, elle noue des relations importantes avec les évêques qui deviennent de plus en plus nombreux sur le territoire.

Comme je l'ai dit plus haut, Geneviève est témoin de l'effondrement de l'Empire romain. En 476, le dernier empereur est détrôné et le royaume gallo-romain est fragilisé par les invasions barbares qui ne cessent de s'étendre. De toutes ces peuplades, la sainte a une préférence pour les Francs, par rapport auxWisigoths, les Alamans ou les Burgondes. Elle estime en effet plus facile de convertir des païens que des ariens. C'est vers Childéric Ier, roi franc, fils de Mérovée (premier Mérovingien), qu'elle porte son attention. Néanmoins, elle doit se heurter au désir d'expansion du roi franc qui veut envahir Paris. Pour Geneviève, il est impensable qu'un roi païen prenne possession de son fief. Mais cette fois, les Lutéciens, devenus Parisiens, ne tremblent plus comme au temps d'Attila et la résistance est tenace.

> *Peuple de Paris, le Christ vous a sauvés d'Attila. Il est le premier et le seul à qui nous devons obéissance. Si nous laissons un roi païen nous diriger, nous perdrons la protection de Dieu. Nous ne laisserons pas entrer dans nos murs un roi qui ne croit pas en Jésus Christ. Si Childéric veut les clefs de la cité qu'il se convertisse, et nous lui ouvrirons les portes !*

Malgré le siège des Francs, avec ses propres bateaux, Geneviève parvient à forcer le blocus pour alimenter Paris en blé. Les Parisiens se laissent guider par leur sainte patronne.

Le siège dure dix ans.

À la mort de Childéric, son fils Clovis reprend les rênes et il est tout aussi déterminé que son père à se saisir de la cité lutécienne. Alentour, le royaume franc s'agrandit rapidement et la capitale passe de Tournai à Soissons.

Geneviève, malgré l'admiration qu'elle porte au jeune roi qu'elle a connu enfant, campe sur ses positions.

Paris n'ouvrira ses portes qu'à un roi chrétien.

On parle souvent de la Gaule et de l'héroïsme de Vercingétorix seul contre les armées de César, mais la résistance de Paris sous l'égide de Geneviève, de cette femme inspirée, est peut-être plus impressionnante encore, bien que les manuels d'histoire aient souvent préféré s'étendre sur l'Égypte des pharaons et faire l'impasse sur cette partie du courage féminin !

On doit à Geneviève l'émergence des rois catholiques en France. Elle n'a pas lutté en vain contre les barbares et elle sait que les Francs, par le biais de leur roi, peuvent être touchés au cœur et à l'âme.

Ses bonnes relations avec l'évêque de Reims, Rémi, et avec la reine Clotilde, ne sont pas totalement étrangères au futur sacre de Clovis.

Mais pour l'heure, Clovis reste hermétique au pouvoir du Christ et sourd aux prières de sa femme Clotilde et de Geneviève. La goutte qui fait déborder le vase du doute est la bataille contre les Alamans (déjà !) et la fameuse victoire de Tolbiac. Clovis promet de se convertir s'il sort vainqueur de la guerre. Il tient parole.

En 496, le roi plie genoux devant Dieu et l'évêque de Reims le baptise.

> *Courbe-toi, fier Sicambre, adore ce que tu as brûlé et brûle ce que tu as adoré. Je te baptise, Clovis, au nom du Père, et du Fils et du Saint-Esprit.*

Le baptême réalisé, Clovis et ses guerriers prennent le chemin de Paris où Geneviève a ouvert les portes et préparé sa population à accueillir le grand roi chrétien.

En 502, le le roi franc installe sa cour à Paris.

Geneviève le convainc de rendre hommage aux saints Pierre et Paul, en faisant construire une église sur le *mons Lucotitius.* Il s'agit aujourd'hui de la montagne Sainte-Geneviève dans le 5ᵉ arrondissement de Paris.

Notre sainte, selon l'avis des témoins que rapporte l'auteur anonyme de la *Vita* (sans doute commandité par la reine Clotilde), multiplie les miracles tout au long de sa vie. Elle guérit les malades par la simple imposition des mains. Comme certains futurs rois de France, oints du saint chrême, Geneviève avait un charisme de guérison et de libération. Par la prière, elle parvient à purifier à maintes reprises les cerveaux possédés ou dérangés, à rendre la vue à des aveugles ou à apaiser les souffrances morales des grands dépressifs. Ses actions sont véritablement christiques.

Bien sûr, à la lecture de cette hagiographie merveilleuse, que fut *La Légende dorée* de Jacques de Voragine, on sait que les actes ont pu être accentués, les paroles enjolivées par le chroniqueur pour donner plus de force à son récit, mais elle me porte à me dire que chaque moment devrait être une petite rébellion contre la routine frivole, que chaque jour devrait être fait d'un petit miracle. Oh! je ne parle pas, bien sûr, de rendre la vue à un aveugle, de multiplier des pains, ni même de guérir les écrouelles ou les brûlures comme le font certains « coupeurs de feu » dans nos campagnes, mais simplement des petits miracles du quotidien, comme redonner de l'espoir à quelqu'un ou aider une personne perdue à se remettre sur le chemin, à offrir de son temps sans rien attendre en retour, à parler aux personnes âgées, à livrer ses propres peines…

Le récit des miracles de Geneviève est incroyable. Ce n'est pas de deux, trois ou même dix dont on parle, mais de centaines, au point que cette exubérance de témoignages rend le merveilleux crédible. Encore une fois, je sais que notre époque, par trop rationnelle, a tendance à railler ce genre de chose et à mettre ces « étrangetés » sur le compte d'affabulateurs, de sectaires ou d'esprits faibles; que nos temps, aveuglés par le matériel et le « bien-être », pleins de science et de certitudes, se veulent, se disent, plus malins, plus raisonnés, mais n'avons-nous pas perdu une part de nous-mêmes en ne sachant plus « voir » l'invisible…? Voir avec le cœur, bien sûr. En ces temps anciens, début de l'ère chrétienne, comme le rapporte saint Grégoire le Grand (VIe siècle), « les miracles étaient nécessaires pour faire grandir la foi ».

Les miracles sont-ils moins fréquents de nos jours?

Ce n'est pas sûr. Les apparitions authentifiées par l'Église ont été nombreuses depuis un siècle. Certes, notre propension à les appréhender est sans doute plus difficile.

Après avoir fait de Lutèce, Paris, avoir lutté contre les barbares, après avoir contribué au baptême de Clovis et mis le pays sur le « chemin de la France » sans jamais désespérer de la puissance du Christ et de la vertu de la prière, Geneviève s'éteint en 512, à l'âge canonique de près de 90 ans.

> *Geneviève s'en alla vers le Seigneur dans une bonne vieillesse après avoir vécu plus de dix fois huit ans. Elle fut ensevelie dans la paix du 3 janvier.*

Quelques mois auparavant, elle avait assisté aux obsèques de Clovis dont le règne court (il meurt à 45 ans) fut prodigieux pour la France. Le roi avait demandé à sa femme Clotilde que le tombeau de Geneviève soit mis à côté du sien, ce qui fut fait. Le couple royal repose donc pour l'éternité dans la lumière de Geneviève.

J'aime cette femme qui, à travers les siècles, nous parle encore. Son exemple et son enseignement sont toujours d'actualité. Humble et persévérante, elle nous enseigne la confiance ; courageuse et combattante, elle nous montre la ténacité ; femme et potentat, elle nous engage vers tous les chemins possibles ; thaumaturge et priante, elle nous ouvre le ciel.

Femme parmi les femmes, comme Paris la belle battue par les flots, elle ne sombre pas[3]. Et, sans vouloir paraître prosaïque, je trouve que, sans chirurgie esthétique et

---

3. *Fluctuat nec mergitur*, la devise de Paris.

malgré ses mille six cents ans, Geneviève ne fait vraiment pas son âge.

On vous regardera, comme étant la plus belle,
Le monde entier dira : C'est celle de Paris.
On ne verra que vous au céleste pourpris,
Et vous rendrez alors vos comptes de tutelle.

Les galopins diront : C'est une vieille femme.
Et les savants diront : Elle est de l'ancien temps.
Voici sa lourde ville et tous ses habitants.
Et voici sa houlette et le soin de son âme.

Vous vous avancerez dans votre antiquité.
On vous écoutera comme étant la doyenne
Et la plus villageoise et la plus citoyenne
Et comme ayant reçu la plus grande cité.

Extrait de *Sainte Geneviève, patronne de Paris*
Charles Péguy

La Vierge Marie

Mère du Ciel

Je ne pouvais pas aborder le thème des saintes qui m'ont inspirée et donné de la force, sans parler de la sainte des saintes, celle sans qui aucune autre n'aurait existé. La Vierge Marie est la quintessence de l'Amour, dans sa version la plus majuscule. Elle aurait pu ouvrir cet ouvrage pour respecter une chronologie, mais cela lui aurait donné une temporalité que je ne souhaitais pas. Je n'ai d'ailleurs pas mis de date de naissance et de mort, car je pense que pour la Vierge, il n'y a ni naissance ni mort. Elle est un tout, un absolu.

Marie est au-delà du temps. Elle est de toutes les époques et elle pénètre tous les corps et toutes les âmes qui se laissent aimer. Il y a mille façons de parler de Marie, mille façons de l'appréhender, mille chemins, et tous ont été empruntés. Marie, c'est l'amour des Hommes et l'amour d'un homme, son Fils. Modestement, en tant que mère de famille, c'est par cet aspect que j'aimerais l'aborder.

Comme beaucoup de femmes, je connais l'amour maternel, l'amour incommensurable, l'amour sans condition, celui qui vous accompagne jusqu'à la fin, mais je connais aussi, par expérience personnelle, la peur de perdre un enfant. La plus tragique des choses, si tragique que même notre langue n'a pas osé lui trouver de mot. À la perte de nos parents, nous sommes orphelins, mais que sommes-nous après la perte d'un enfant ? Rien. Rien, c'est peut-être le mot qui colle au plus près de l'état dans lequel se trouvent les parents amputés d'un enfant.

Au-delà de l'aspect divin du Christ mort en croix pour laver nos péchés et du miracle de l'Immaculée Conception pour Marie, il y a une mère qui élève son enfant dans l'amour, une mère qui voit grandir un être exceptionnel et qui le voit périr de la plus terrible des manières.

Je vois aussi Marie comme une mère qui va perdre son Fils.

Elle se tenait, dans la douleur,
près de la croix, en larmes,
tandis que son Fils était suspendu.

Lorsque l'on devient mère, c'est tout un nouveau monde qui s'ouvre, un monde parfois ambivalent où une forme d'égoïsme salutaire peut s'associer au sens ultime du sacrifice. Avoir un enfant, c'est ne plus s'appartenir, mais s'offrir à un autre être, c'est s'apercevoir que sa propre vie compte moins que celle de sa progéniture, que tout est tourné vers elle, pour elle et, plus étonnant encore, qu'il n'y a pas de souffrance à s'effacer pour son enfant, mais une sorte de nécessité heureuse (Gianna Beretta Molla n'en a t-elle pas été le plus bel exemple ?). Je n'ai pas de théorie personnelle sur l'instinct maternel qui est parfois battu en brèche par certaines femmes et j'associe avec d'autant plus de sincérité le papa dans cet altruisme parental, mais je ne peux parler que pour moi, en tant que femme.

Je prends toujours garde à employer les mots « fourre-tout » que la modernité a tendance à utiliser à toutes les sauces, les vidant souvent de leur sens initial et profond. C'est le cas du mot « résilience », par exemple, qui décrit cette capacité à surmonter les chocs traumatiques. Ces concepts nouveaux ne sont-ils pas apparus pour répondre à ce vide que laisse une société occidentale qui s'est peu à peu déchristianisée ? Où le mystère et le sacré sont pour certains devenus synonymes de crédulité, voire d'obscurantisme ? La peur de la mort est toujours présente, et la perte du religieux nous éloigne des réponses. Mais la foi ne frappe pas à toutes les portes, ne parle pas à tous les cœurs… Alors je choisis de parler de résilience pour Marie, que je trouve aller bien avec le rôle de la mère, celle qui s'abandonne pour son enfant, qui s'oublie sans jamais l'oublier, qui veut souffrir à sa place et qui l'accompagne toute sa vie.

Elle gémissait et se lamentait,
la tendre Mère en voyant
les souffrances de son célèbre Fils.

Est-on seulement préparés à être des parents ? Nous, les adolescentes puis les jeunes femmes, qui tournons autour de notre nombril comme la terre autour du soleil, dès l'arrivée de l'enfant, nous changeons d'astre.

Mais est-on pour autant préparés à ne plus être des parents ? La réponse est encore, non. Et le plus difficile parfois, c'est de laisser nos enfants décider de leurs propres choix, de les abandonner à l'erreur pour qu'ils se construisent, même si cela nous semble douloureux. Nous aimerions tellement nous tromper à leur place pour qu'ils ne souffrent pas... Mais la souffrance est une armure dont ils ont besoin.

Là encore, je ne voudrais pas paraître anachronique ou décalée, mon propos n'est pas de *vulgariser* ou d'*humaniser* la Vierge dont la dimension divine m'enchante, mais de chercher, en tant que femme d'aujourd'hui, une réflexion sociétale.

Et je trouve beaucoup de résilience chez les mères, donc au cœur de la Vierge Marie.

Laisse-moi être blessé de ses plaies,
m'enivrer de la croix
et du sang de ton Fils.

Une vie universelle

Nous déclarons, prononçons et définissons que la doctrine, qui tient que la bienheureuse Vierge Marie a été, au premier instant de sa conception par une grâce et une faveur singulière du Dieu tout-puissant, en vue des mérites de Jésus Christ, Sauveur du genre humain, préservée intacte de toute souillure du péché originel, est une doctrine révélée de Dieu, et qu'ainsi elle doit être crue fermement et constamment par tous les fidèles.

Dogme de l'Immaculée Conception décrété par le pape Pie IX en 1854 par la bulle *Ineffabilis Deus.*

Aborder la vie de Marie sur un plan biographique comme je l'ai fait pour les autres saintes, aurait sans doute quelque chose de dérisoire, puisque son existence est consubstantielle de la religion catholique. La vénération dont elle fait l'objet depuis deux mille ans est bien supérieure à celle de tous les saints et anges du ciel.

Sa première apparition – si je puis dire – à nos yeux de catholiques se trouve sous les plumes de saint Luc et saint Matthieu dans les Évangiles canoniques. Saint Jean en parle aussi, mais sans jamais la nommer autrement que « mère de Jésus ».

L'annonciation ouvre l'histoire de notre sainte mère.

Cette annonciation qui sera plus tard fêtée comme l'incarnation de Dieu sur terre.

L'ange Gabriel fut envoyé par Dieu dans une ville de Galilée, appelée Nazareth, à une jeune fille, une vierge, accordée en mariage à un homme de la maison de David, appelé Joseph ; et le nom de la jeune fille était Marie. L'ange entra chez elle et dit : « Je te salue, Comblée-de-grâce, le Seigneur est avec toi. » À cette parole, elle fut toute bouleversée, et elle se demandait

> *ce que pouvait signifier cette salutation. L'ange lui dit alors : « Sois sans crainte, Marie, car tu as trouvé grâce auprès de Dieu. »*

L'ange Gabriel lui apparaît ainsi et lui apprend qu'elle enfantera le Fils de Dieu, qu'elle l'appellera Jésus et que son règne n'aura pas de fin.

Néanmoins, Marie s'étonne car si elle est pure, elle connaît toutefois les règles du corps et de l'enfantement. Comment la vierge qu'elle est pourrait-elle tomber enceinte ?

> *L'Esprit Saint viendra sur toi, et la puissance du Très-Haut te prendra sous son ombre ; c'est pourquoi celui qui va naître sera saint, et il sera appelé Fils de Dieu.*

C'est ainsi que Marie devient mère de Dieu, avant de devenir, au pied de la future croix du Calvaire, la mère de l'Église.

Pour connaître la genèse de Marie, il faut attendre le IIe siècle avec l'Évangile apocryphe de Jacques (le protévangile). On y découvre les noms de ses parents (absents des Évangiles canoniques), Anne et Joachim. Marie est née sur les lieux où fut bâtie plus tard la basilique Sainte-Anne de Jérusalem, à quelques mètres de la piscine de Bethesda où Jésus soignera un paralytique. Tout n'est que signe dans la vie de Marie. Et ce signe, de la faire naître près de ces eaux agitées par la main d'un ange afin d'y soigner les miséreux de la cour des miracles, c'est pour la préparer, dès son enfance, à la miséricorde et à son rôle de mère. Elle voit et sent, très jeune, l'incapacité des Hommes à se débrouiller seuls et la venue en son sein de Celui qui rétablirait la création, ne peut que combler de joie cette enfant déjà très pieuse.

Le récit de Jacques nous apprend que Joseph, l'époux de Marie, est déjà vieux, veuf, et vit là un second mariage. Il est charpentier. Il est là pour protéger Marie.

En ces temps, le maître du monde s'appelle Auguste, empereur romain qui règne de l'Égypte à la Germanie, en passant par l'Hispanie. Son règne est plutôt stable dans une période que l'histoire retient comme étant la *Pax romana*. Peu de temps avant la naissance de Jésus, Auguste, celui qui, « ayant soumis à sa domination la plus grande partie des Hommes, les avait comme ramassés en un seul corps », exige que soient recensées ses populations. Dans ce cadre historique, Marie et Joseph quittent la ville de Nazareth en Galilée pour se rendre à Bethléem en Judée, pour y être « comptés ». Le gouverneur de Syrie, Quirinius, est en charge de ces terres qui seront un jour « terres saintes ».

Marie, nous dit saint Luc, est sur le point d'accoucher, mais il n'y a plus aucune place dans les auberges, alors le couple se contente d'une étable qui verra la naissance de Jésus.

> *Et elle mit au monde son fils premier-né; elle l'emmaillota et le coucha dans une mangeoire, car il n'y avait pas de place pour eux dans la salle commune.*

Selon la loi juive en vigueur, « tout mâle premier-né sera consacré au Seigneur ». Marie et Joseph présentent alors leur Fils au temple de Jérusalem. Ils sont reçus par le patriarche Syméon qui annonce à Marie qu'elle connaîtra une grande souffrance par son Fils.

> *Syméon reçut l'enfant dans ses bras, et il bénit Dieu en disant :*
> *« Maintenant, ô Maître souverain, tu peux laisser ton serviteur s'en aller en paix, selon ta parole. Car mes yeux ont vu le salut que tu préparais à la face des peuples : lumière qui se révèle aux nations et donne gloire à ton peuple Israël. »*
> *Le père et la mère de l'enfant s'étonnaient de ce qui était dit de lui. Syméon les bénit, puis il dit à Marie sa mère : « Voici que cet enfant provoquera la chute et le relèvement de beaucoup en Israël. Il sera un signe de contradiction et toi, ton âme sera traversée d'un glaive : ainsi seront dévoilées les pensées qui viennent du cœur d'un grand nombre. »*

Mon cœur de mère se serre.

Saint Matthieu, quant à lui, décrit l'épisode des trois rois mages d'Orient, ainsi que le terrible massacre des innocents perpétrés par le roi Hérode. On a fait la prophétie à ce dernier, roi des Juifs, qu'un nouveau prince naîtrait à Bethléem. Il ordonne donc la mort de tous les nouveau-nés. Marie et Joseph parviennent à s'enfuir en Égypte et n'en reviennent qu'après la mort d'Hérode.

Les Évangiles sont peu diserts sur les premières années de Jésus et sa vie auprès de sa mère. On suppose que Joseph meurt avant le supplice de son fils puisqu'on ne le mentionne pas lors du Calvaire.

On les retrouve à la grande fête de Pâques à Jérusalem, alors que Jésus a une douzaine d'années. Il s'est perdu dans la foule. Marie est folle d'inquiétude, mais à son grand soulagement le garçon est retrouvé au Temple en train de faire la conversation aux docteurs de la Torah qui s'enchantent de l'intelligence du garçon.

Après l'anxiété, on imagine la fierté de Marie.

À présent, Jésus est adulte. On le dit entouré de frères, mais il peut s'agir des enfants de Joseph de son premier mariage ou d'un sens mal interprété du mot « frère » qui peut désigner des cousins.

Pendant la prédication de Jésus, les Évangiles de Luc et de Matthieu sont discrets sur la présence de la mère, et c'est dans l'Évangile selon saint Jean que Marie, appelée seulement « mère de Jésus », apparaît. D'abord lors des noces de Cana où elle est déterminante dans le premier miracle de son Fils.

Ils n'ont plus de vin.

Jésus change alors six jarres d'eau en vin.

Puis Jean nous la décrit ensuite au pied de la croix.

Mais l'on sait que Marie est témoin de bout en bout du calvaire de trois longues heures, de ces flagellations odieuses, de cette montée au Golgotha sous le poids terrible de la croix.

Que pense-t-elle, cette pauvre mère qui voit le visage de son Fils en sang et son corps qui ploie sous la douleur ? Pourquoi cette infamie cruelle ? Que ces clous qui pénètrent dans sa chair ont dû être autant de coups de glaive enfoncés dans la sienne… Quelle épouvantable souffrance a-t-elle subie…

En ce temps-là,
près de la croix de Jésus se tenaient sa mère
et la sœur de sa mère, Marie, femme de Cléophas,
et Marie Madeleine.
Jésus, voyant sa mère,
et près d'elle le disciple qu'il aimait,
dit à sa mère :
« Femme, voici ton fils. »
Puis il dit au disciple :
« Voici ta mère. »
Et à partir de cette heure-là, le disciple la prit chez lui.

En fils aimant, Jésus confie sa mère à son ami Jean qui assiste à la crucifixion, mais également son ami Jean à sa mère et, à travers lui, il confie tous les hommes. Jésus, aux portes de la mort, fait œuvre d'espérance en étendant la maternité de sa mère à toute l'humanité.

La vierge pleure.

Mais devant elle, devant sa peine, Jésus a pardonné et c'est ce pardon qui nous sauve.

Bien sûr, la Mère de toutes les mères est récompensée de son amour par la résurrection de Jésus.

Femme, voici ton fils.

Dans la bouche de Jésus, j'entends le mot « Femme » résonner comme un mot d'amour car, par Marie, c'est à la femme qu'il confie l'avenir de l'Homme, à nous les mères qui transmettons la vie et le verbe.

Que devient-elle après le retour de son Fils « prodigue » près du Père ? Croyons les Évangiles... Elle vit sans doute aux côtés de saint Jean l'Apôtre, comme le lui a demandé son Fils. D'abord à Jérusalem, jusqu'au jour de la Pentecôte. Dans le récit des Actes des Apôtres dont on attribue l'écriture à saint Luc, il est fait mention d'un événement singulier auquel Marie participe :

> *Tout à coup, il vint du ciel un bruit comme celui d'un vent impétueux, et il remplit toute la maison où ils étaient assis. Des langues, semblables à des langues de feu, leur apparurent, séparées les unes des autres, et se posèrent sur chacun d'eux. Et ils furent tous remplis du Saint-Esprit, et se mirent à parler en d'autres langues, selon que l'Esprit leur donnait de s'exprimer.*

Ensuite, Marie et le disciple Jean quittent Jérusalem pour Éphèse, aujourd'hui en Turquie.

Sa maison présumée est retrouvée, en 1881, dans la région d'Éphèse, suite aux indications laissées par Catherine Emmerich, une jeune Allemande qui a eu des visions de la passion du Christ et sur la vie de Marie après la Résurrection.

Elle décrit :

> *Marie ne vécut pas précisément à Éphèse, mais dans un village voisin. La demeure de Marie se trouvait sur une colline à gauche de la route en direction de Jérusalem, à environ trois heures et demie d'Éphèse. Cette colline s'éclaircit rapidement en se tournant vers Éphèse ; en s'approchant de sud-est, la ville semble s'étendre sur un terrain rehaussé [...] Des sentiers étroits en direction du sud conduisent à une colline, sur le sommet de laquelle se situe un plateau irrégulier, à environ une demi-heure de route.*

La mystique et visionnaire italienne Maria Valtorta, dans la première partie du XXe siècle, écrit un récit similaire sur la Vierge et saint Jean.

Voilà ce que l'on peut dire de la vie de Marie, de façon fragmentaire. Mais sa « biographie » n'a en réalité que peu d'importance... Seule compte sa place dans le cœur et l'âme des catholiques. Jésus en a fait une mère de l'humanité. Elle qui, impuissante face aux souffrances de son Fils au pied de la croix, a hérité du poids du sacrifice. Elle, la consolatrice des égarés, l'aile tutélaire des pécheurs qui donne son amour comme toute mère sait le donner.

Très tôt, la Vierge Marie s'est imposée comme la médiatrice idéale entre Dieu et les Hommes, mais c'est au XVe siècle que le culte de Marie Auxiliatrice s'est développé. Puis au XIXe siècle apparaît la figure merveilleuse du prêtre turinois saint Jean Bosco, qui est son plus fervent apôtre.

Ce saint fait tant pour la jeunesse et connaît si bien les vertus et la grâce des mères ; il transmet en effet à tous *ses* jeunes en dérive l'amour de la mère de Jésus.

Depuis son assomption, au Ier siècle de notre ère, les apparitions mariales n'ont jamais cessé à travers le monde, imposant l'importance de la Vierge chez les catholiques (les protestants n'en reconnaissent pas le culte). Ses apparitions sont discrètes ou spectaculaires, mais très nombreuses. J'en citerai juste quelques-unes, comme Notre-Dame du Pilier à Saragosse en l'an 40, Notre-Dame du Rosaire dans le Languedoc en 1208, Notre-Dame de La Salette en 1846 ; les apparitions à Bernadette Soubirous, à Lourdes, pendant toute l'année 1858 ; Fatima au Portugal où elle apparaît six fois à trois petits bergers pendant l'année 1917, accompagnée d'un miracle constaté par soixante-dix mille témoins, la danse du soleil.

Comme le suaire de Turin qui reste un mystère terrestre de la venue du Christ, la Vierge Marie a également son linge mystérieux qui contredit ou continue d'interroger la science, c'est le manteau de la Vierge de Guadalupe au Mexique.

En 1531, sur la colline de Tepeyac, près de Mexico, dans un monde encore peu évangélisé, elle apparaît à un vieux paysan, Juan Diego, et lui demande d'intercéder auprès de l'évêque afin qu'il fasse bâtir une église sur les lieux de son apparition. L'évêque ne voit là que calembredaines de la part d'un berger presque sénile. Juan

Diego insiste, alors on le presse de demander à la Vierge qu'elle lui fasse un signe. Nous sommes un 12 décembre et Marie l'envoie cueillir, contre toute attente en cette saison, de magnifiques roses ; il les dépose sur sa *tilma*, une sorte de manteau tissé dans une matière végétale (fibre d'agave) et les rapporte à son évêque. Lorsqu'il déploie sa cape, en même temps que le prélat et sa cour, Juan Diego découvre l'image miraculeusement imprimée de la Vierge. Cette image, à l'instar du suaire de Turin, échappe, encore aujourd'hui, à la raison et à la science. Il n'y a pas d'apprêt, pas de pigment, pas de peinture, pas de craquelures, pas de vernis. Ce tissu ne vieillit pas et sa température permanente, quel que soit le climat, oscille entre 36,6° et 37° (température du corps humain). De plus, les étoiles peintes sur le manteau de la Vierge ne sont pas disposées au hasard, mais représentent précisément la position des étoiles au matin du solstice d'hiver qui, en cette année 1531, tombe… le 12 décembre. Et comme si cela n'était pas suffisant pour voir dans cette image un miracle de Marie, en 1929, un photographe, intrigué par le regard de la Vierge qui semble vivant, photographie les yeux, réalise un agrandissement et fait apparaître un reflet dans l'œil, dans lequel on distingue d'abord un homme barbu puis tous les personnages présents lors de la présentation du manteau.

Je ne m'étendrai pas sur tous les aspects techniques de cette image, qui sont nombreux, et vous invite à découvrir cette merveille laissée aux hommes.

Je m'attarde un peu sur cette apparition parce que là, comme dans beaucoup d'autres endroits, la Vierge Marie n'apparaît pas à des docteurs de l'Église, mais à des gens modestes, des paysans, des innocents, et leur parle avec leurs mots. C'est une mère universelle qui apparaît à ses enfants et qui leur dit que tout individu en ce bas monde a un rôle à jouer et une place à prendre. De plus, j'y suis particulièrement sensible car elle est aussi la patronne des enfants à naître et des familles.

Je vous salue, Marie…

Pour ne pas conclure…

Voici, mes très chères saintes, ce modeste mais vibrant hommage à votre vie, à votre courage, à votre capacité à transcender les épreuves. Au travers de vos combats, de vos abnégations, de votre résilience, je me sens mieux protégée, mieux armée ; grâce à vous, qui êtes ce que l'on fait de plus haut et de plus noble parmi les femmes, je me sens plus forte, plus combative ; avec vous, grâce à cette foi inextinguible qui s'est faite rempart de tant d'écueils, je sens que mon âme s'élève un peu plus chaque jour.

J'espère que par l'histoire de ces vies merveilleuses, chers lecteurs, des portes s'ouvriront vers la lumière et que d'autres se fermeront sur des doutes inutiles, plombants et empêcheurs… Car dans ces biographies rapidement survolées – j'en ai conscience –, j'espère partager mon admiration pour ces femmes qui nous aident à voir et à apprécier la beauté de la vie, tout en en acceptant son aspect éphémère. Elles sont pour moi des exemples auprès desquels on peut puiser ce que l'on veut, ce que l'on peut.

Je ne me sens pas la force d'âme de toutes ces femmes, mais elles m'aident chaque jour un peu plus à grandir et à tenter de donner le meilleur de moi-même. Bien que leur action et leur vie tout entière tendent vers un absolu presque intouchable, ce qu'elles me disent au creux de l'oreille, c'est que les petites actions ne sont pas vaines, que chaque sourire, chaque parole bienveillante, chaque pensée positive, est une victoire sur la misère du monde.

Parce que, mes très chères saintes, vous avez souffert pour nous et lutté pour nous ouvrir la réalité du ciel, d'un au-delà de paix et de sérénité, je vous en remercie.

Grâce à vous, je peux profiter de la beauté de la vie, prendre du recul avec les tracas du quotidien, pour ne me contenter modestement que du meilleur.

Nos saintes sont intemporelles. Perpétuer leur mémoire, c'est se donner la chance de s'ouvrir à quelque chose de plus grand que la vie, quelque chose de transcendant, qui nous dépasse.

Merci !

Sources bibliographiques

AUCLAIR Marcelle, *La vie de sainte Thérèse d'Ávila*, Éditions du Seuil, 1950.

CHAUVEL Geneviève, *Sainte Geneviève. Premier maire de Paris*, L'Archipel, 2017.

Valentina DI MARCO, *Un couple exemplaire. Sainte Jeanne Beretta et Pietro Molla*, Peuple Libre, 2023.

GRÉGOIRE DE TOURS, *Histoire des Francs*, Les Belles lettres, 1995.

LA BORIE (DE) Guillemette de, *Petite vie de Mère Teresa*, Desclée de Brouwer, 2003.

LELIÈVRE Thierry, *Sainte Jeanne Beretta Molla. Médecin, mère de famille jusqu'au bout*, Pierre Téqui éditeur, 2022.

MARTINOIR (DE) Francine, *Catherine de Sienne ou la traversée des apparences*, Le Rocher, 1999.

PASTEAU Delphine, *Geneviève. mystique et femme d'action*, Éditions Emmanuel, 2020.

PERNOUD Régine, *Jeanne d'Arc. La reconquête de la France*, Gallimard, 1997.

RASTOIN Cécile, *Edith Stein (1891-1942)*, Les éditions du Cerf, 2007.

SESÉ Bernard, *Catherine de Sienne*, Artège, 2021.

Saint-Chéron (de) Jean, *Éloge d'une guerrière. La véritable vocation de Thérèse de Lisieux*, Grasset, 2023.

Thérèse d'Ávila, *Le Château intérieur,* Gallimard, 2012.

Touchet Xavier-Marie (Cardinal), *La sainte de la patrie*, DMM éditions, 1993.

Vannier Marie-Anne, *Les visions d'Hildegarde de Bingen*, Albin Michel, 2015.

Voragine (de) Jacques, *La Légende dorée*, Gallimard, coll. « La Pléiade », 2004.

Étoile de Notre-Dame, Revue, 2025.

Table

PAPIER CERTIFIÉ

Achevé d'imprimer sur Roto-Page par l'Imprimerie Floch à Mayenne
en août 2025
N° d'imprimeur : 107259
Dépôt légal : septembre 2025

Imprimé en France